간단한
인도네시아어 발음법!
Alphabet   **09**

초간편 기본회화!
Best Basic Conversation!

1. 대답하는 법!   **14**
2. 인사할 때!   **16**
3. 자기소개!   **18**
4. 부탁할 때!   **20**
5. 감사의 인사!   **22**
6. 날씨, 시간, 요일!   **24**

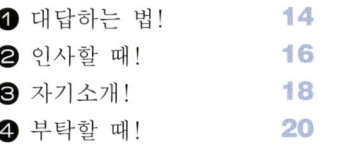

잠깐!! 인도네시아 여행정보!
인니에 대한 일반적인 상식! **26**

1. 출발전 준비!   **27**

1. 항공권의 예약!   **30**
2. 예약확인/취소/변경   **32**
+ 항공권 관련 단어   **34**

contents

2. 출국수속! 35

- ❶ 보딩패스! 1.　　38
- ❷ 보딩패스! 2.　　40
- ✚ 탑승 관련 단어　42

3. 출발! 기내에서 43

- ❶ 기내 입구에서!　46
- ❷ 기내 좌석에서!　48
- ❸ 기내식의 주문!　50
- ❹ 기내에서의 쇼핑!　52
- ❺ 신고서의 작성!　54
- ❻ 기내에서의 대화!　56
- ✚ 기내 관련 단어들!　58
- ✚ 인도네시아의 기후!　60

4. 목적지 도착! 61

- ❶ 입국심사대에서 1.　64
- ❷ 입국심사대에서 2.　66
- ❸ 수하물 찾기!　68
- ❹ 세관심사!　70
- ❺ 공항 여행안내소　72
- ✚ 입국 관련 단어들!　74

Departure

출국수속 따라잡기!

공항에서의 출국수속은 다음과 같이 진행됩니다.

① 공항도착!

② 항공사데스크 체크인!

③ 관광진흥기금권 구입!

④ 환전!

⑤ 비행기 탑승수속!
|세관신고|, |보안검색|, |출국심사|

⑥ 탑승 게이트로 이동!

⑦ 탑승!

5 C.I.Q!

출국장으로 들어가면 ❶ 세관검사, ❷ 보안검색, ❸ 출국심사가 차례로 이어집니다! 계속 앞으로 앞으로!

Step 5

6 탑승게이트로 이동!

탑승권에 표시된 탑승구로 이동합니다. '탑승시간'을 반드시 엄수하여야 합니다!!!

Step 6

✚ **잠깐만요!**
시간적 여유가 있다면 면세점에서 쇼핑을 하셔도 좋겠습니다.

✚ 비행기 출발 30분 전에는 탑승게이트 대기실에 도착해 있어야 합니다!

© Copyright 2003 by Shin Na Ra.

All rights reserved.
No part of this book may be reproduced,
without the written permission of
the copyright owner.

주머니속의 여행 인도네시아어
펴낸곳*도서출판 신나라
펴낸이*남병덕
지은이*신동건 홍채의
 연구편집*정지섭 임현직 윤영아
    김지민 채지윤 서재양
2017. 10. 10. 개정3쇄 발행

주소 : 서울 마포구 독막로 28길 63-4
304호
T.02)6735-2100 F.6735-2103
E-mail : jwonbook@naver.com
등록 : 1991. 10. 14. 제 2016-344호

* 정가는 표지에 표시!

contents

5. 호텔의 이용! 75

- ❶ 체크인(예약시) 78
- ❷ 체크인(미예약) 1. 80
- ❸ 체크인(미예약) 2. 82
- ❹ 룸서비스의 이용! 84
- ❺ 프론트의 이용! 86
- ❻ 체크아웃! 88
- ✚ 호텔 관련 단어들! 90
- ✚ 인도네시아의 축제일! 96

6. 식당과 요리! 97

- ❶ 식당을 찾을 때! 100
- ❷ 식당의 예약! 102
- ❸ 식사의 주문! 104
- ❹ 식사중의 회화! 106
- ❺ 식사시의 표현! 108
- ❻ 식사비의 계산! 110
- ✚ 식사 관련 단어들! 112
- ✚ 인도네시아의 과일! 118

7. 쇼핑용 회화! 119

❶ 쇼핑의 시작!　　　　122
❷ 쇼핑하는 법!　　　　124
❸ 물건 고를 때! 1.　　126
❹ 물건 고를 때! 2.　　128
❺ 가격의 흥정!　　　　130
❻ 포장과 배달!　　　　132
✚ 쇼핑 관련 단어들!　 134

8. 우편, 전화, 은행! 135

❶ 우편물 보내기!　138　　❷ 소포 보내기!　　140
❸ 전화 기본표현!　142　　❹ 전화 대화표현!　144
❺ 국제전화 걸기!　146
❻ 메시지 남기기!　148
✚ 우편/전화 관련 단어! 150
❼ 은행의 이용!　　152
❽ 잔돈 바꾸기!　　154
✚ 은행 관련 단어들! 156

9. 교통수단! 157

- ❶ 철도의 이용! 1. 160
- ❷ 철도의 이용! 2. 162
- ❸ 열차 안에서! 164
- ❹ 버스의 이용! 1. 166
- ❺ 버스의 이용! 2. 168
- ❻ 선박의 이용! 170
- ❼ 택시의 이용! 172
- ❽ 렌터카의 이용! 174
- ✚ 교통수단 관련 단어! 176

10. 관광하기! 181

- ❶ 관광의 시작! 184
- ❷ 길 물어보기! 186
- ❸ 길을 잃었을 때! 188
- ❹ 기념사진 찍기! 190
- ✚ 관광 관련 단어! 192
- ❺ 공연의 관람! 1. 196
- ❻ 공연의 관람! 2. 198
- ❼ 나이트 클럽! 200
- ❽ 스포츠 즐기기! 202
- ✚ 오락 관련 단어! 204
- ✚ 관광 정보! 206

contents

11. 사고상황의 대처! 207

- ❶ 분실사고시! 210
- ❷ 사고의 신고! 212
- ❸ 긴급! 간단표현! 214
- ❹ 병원 치료! 1. 216
- ❺ 병원 치료! 2. 218
- ❻ 약국의 처방! 220
- ✚ 사고상황 관련 단어! 222
- ✚ 긴급상황시 연락처! 226

12. 귀국 준비! 227

- ❶ 예약확인! 230
- ❷ 귀국시 공항에서! 232

[특별 부록]
비지니스 인도네시아어! 234

- ❶ 방문객을 맞을 때! 236
- ❷ 인사할 때! 238
- ❸ 회사를 소개할 때! 240
- ❹ 전화 통화시에! 242
- ❺ 상담할 때! 244
- ❻ 계약, 주문할 때! 246

부록: 필수 단어사전! 248

간단한
인도네시아어 발음법!

The Alphabet

인도네시아어는 영어의 알파벳을 차용하여 쓰고 있습니다. 현 철자법은 1972년 말레이측과 합의한 통일철자법에 의거한 내용입니다. 발음은 위치에 따라 변화하는 것이 아니라, 자음과 모음이 각각의 고유한 발음기호를 가지고 있습니다. 이중모음과 이중자음에 의한 특수한 발음도 있지만, 이중자음과 이중모음이 다른 자음들의 발음의 변화에는 영향을 미치지 않습니다.

간단한 인니어 발음법!

Alphabet

인니어의 특징!

인도네시아어는 현재 인도네시아공화국의 공용어로 쓰이고 있으며, 말레이시아, 싱가폴, 브루나이 등의 동남아 국가들에서 제 2 언어 또는 제 3 언어로 사용이 되고 있습니다. 원래 근원은 말레이반도 지역의 언어를 바탕으로 하며, 현재 인도네시아 군도 내의 각 지역별 방언이 존재하고, 인도네시아어 Bahasa Indonesia [바하사 인도네시아]는 각 지역별 통합을 위한 공용어로 인도네시아 전 국민이 사용을 하는 언어입니다.

인니어 발음의 기본적인 특징은 다음과 같습니다.

인도네시아어는 단어안에서 발음이 묵음이 되는 경우는 거의 없습니다. 예를 들면, h 음은 음절초에서는 [ㅎ]음으로 발음이 되나, 음절말에서는 선행 모음에 맞춰 가볍게 발음이 됩니다. 예를 들어 tanah[따나]의 경우 끝의 h음은 묵음이 아니라 가볍게 공기가 새어나오는 방법으로 발음이 됩니다. 이외의 발음상의 특별한 규칙은 없는 편입니다. (자음은 konsonan (꼰소난)이라 하며, 모음은 vokal (보깔)이라고 합니다.)

괄호안처럼 발음됩니다

발음공부 0

A, a	아	[ㅏ]
B, b	베	[ㅂ]
C, c	쩨	[ㅉ]
D, d	데	[ㄷ]
E, e	에	[ㅔ] (또는 어 [ㅓ]와 으 [ㅡ]의 중간발음)
F, f	에프	[ㅍ]
G, g	게	[ㄱ]
H, h	하	[ㅎ]
I, i	이	[ㅣ]
J, j	제	[ㅈ]
K, k	까	[ㄲ]
L, l	엘	[ㄹ]
M, m	엠	[ㅁ]
N, n	엔	[ㄴ]
O, o	오	[ㅗ]
P, p	뻬	[ㅃ]
Q, q	끼	[ㄲ]
R, r	에르	[ㄹ] (전동음 : 이는 혀끝부분이 떨리면서 R 발음이 연속으로 나는 것을 의미합니다.)

"여행회화, 기본의 기본입니다! 미리 준비해 두시면 유용하게 자주 쓸 수 있는 표현들입니다!!!"

괄호 안처럼 발음됩니다!

S, s	에스	[ㅅ]
T, t	떼	[ㄸ]
U, u	우	[ㅜ]
V, v	베	[ㅂ]
W, w	웨 (반모음으로 영어의 W와 동일한 발음구조를 가집니다.)	
X, x	익스 (영문표기음 위주로 쓰이는 발음입니다.)	
Y, y	예 (반모음으로 영어의 Y와 동일한 발음구조를 가집니다.)	
Z, z	젯	[ㅈ]

철자군
Kh, kh [ㅋ] 또는 [ㅎ]로 발음이 됩니다.
Ng, ng [응]으로 발음되며 첫음절에 쓰여서 독립된 발음을 가지기도 합니다.
Ny, ny 냐, 녀, 뇨 등의 발음에 쓰입니다.
Sy, sy 샤, 슈 등의 발음에 쓰입니다.

이중모음
ai [아이] 또는 [에이] 또는 [에]로 발음이 됩니다.
au [아우] 또는 [오]로 발음됩니다.

** 본 책자에 기재된 발음의 표기는 한국어로 옮기는 과정에서 가장 인도네시아어와 가까운 발음에 맞춰서 표기가 되어있습니다. 예를 들어, e 모음의 경우 [에] 발음의 경우는 그대로 두더라도, [어]와 [으]의 중간발음을 표기하는 과정에서 실제 인도네시아인들이 쓰는 발음에는 [어]음에 가깝게 발음이 되는 것으로 들리는 단어가 있고, [으]음에 가깝게 들리는 발음이 있기 때문입니다. 최대한 현지인의 발음에 가깝게 하여 여러분의 인도네시아어 회화에 도움이 되도록 노력을 해두었습니다.

0. 초간편 기본회화

초간편 기본회화!
Best Basic Conversation!

여행 인도네시아어 회화!
기본의 기본을 소개합니다.
6가지 기본 상황별로 정리했습니다!

❶ 대답하는 법! ❷ 인사할 때!

❸ 자기소개! ❹ 부탁할 때!

❺ 감사의 인사! ❻ 날씨, 시간, 요일!

"여행회화, 기본의 기본입니다! 미리 준비해 두시면 유용하게 자주 쓸 수 있는 표현들입니다!!!"

초간편 기본회화!
Best Basic Conversation!

여행 인도네시아어 회화!
기본의 기본을 소개합니다.
6가지 기본 상황별로 정리했습니다!

대답할 때 자주 쓰는 표현들을 공부합니다!

예.
Ya.
야

아니요.
Tidak. / Bukan.
띠닥   부깐

그렇습니다.
Ya, begitu.
야 버기뚜

초간편 기본회화!

❶ 대답하는 법!

알겠습니다.
Sudah tahu.
수다 따후

모르겠습니다.
Belum tahu.
벌룸 따후

맞습니다.
Ya, betul.
야 버뚤

동감입니다.
Ya, saya setuju.
야 사야 스뚜주

가장 많이 쓰는 대답 표현들입니다.

"여행회화, 기본의 기본입니다! 미리 준비해 두시면 유용하게 자주 쓸 수 있는 표현들입니다!!!"

초간편 기본회화!
Best Basic Conversation!

여행 인도네시아어 회화!
기본의 기본을 소개합니다.
6가지 기본 상황별로 정리했습니다!

다양한 인사법들을 연습해 보겠습니다!

안녕하십니까?
Apa kabar?
아빠 까바르

안녕하십니까? (아침인사)
Selamat pagi.
슬라맛 빠기

안녕하십니까? (점심인사)
Selamat siang.
슬라맛 시앙

안녕하십니까? (오후인사)
Selamat sore.
슬라맛 소레

❷ 인사할 때!

안녕하십니까? (저녁인사)
Selamat malam.
슬라맛 말람

안녕히 계세요.
Selamat tinggal.
슬라맛 띵갈

안녕히 가세요.
Selamat jalan.
슬라맛 잘란

또 만납시다.
Sampai jumpa lagi.
삼빠이 줌빠 라기

인사할 때는 언제나 웃는 얼굴로 하셔야 해요~!

"여행회화, 기본의 기본입니다! 미리 준비해 두시면 유용하게 자주 쓸 수 있는 표현들입니다!!!"

초간편 기본회화!
Best Basic Conversation!

여행 인도네시아어 회화!
기본의 기본을 소개합니다.
6가지 기본 상황별로 정리했습니다!

자기를 소개할 때 쓸 수 있는 기본 표현들입니다!

처음 뵙겠습니다.
Selamat berjumpa.
슬라맛 버르줌빠

만나서 반갑습니다.
Senang bertemu dengan Anda.
스낭 버르뜨무 등안 안다

저를 소개드려도 될까요?
Bolehkah saya memperkenalkan diri?
볼레까 사야 멈뻐르끄날깐 디리

초간편 기본회화!

❸ 자기소개!

나의 이름은 ~입니다.
Nama saya ~.
나마 사야

당신의 이름은?
Siapakah nama Anda?
시아빠까 나마 안다

몇 살입니까?
Berapakah umurnya?
버라빠까 우무르냐

저는 한국 사람입니다.
Saya orang Korea.
사야 오랑 꼬레아

이 정도로만 설명해도 당신은 이미 성공입니다!

"여행회화, 기본의 기본입니다! 미리 준비해 두시면 유용하게 자주 쓸 수 있는 표현들입니다!!!"

초간편 기본회화!
Best Basic Conversation!

여행 인도네시아어 회화!
기본의 기본을 소개합니다.
6가지 기본 상황별로 정리했습니다!

부탁하실 일이 있으면 주저하지 말고 말씀하세요!

실례합니다만 부탁드립니다.
Maaf, bisakah Anda membantu saya.
마아프 비사까 안다 멈반뚜 사야

저 좀 도와주시겠어요?
Saya mohon bantuan Anda.
사야 모혼 반뚜안 안다

잠깐 기다려 주십시오.
Tunggu sebentar.
뚱구 스번따르

❹ 부탁할 때!

좀 더 천천히 말해 주십시오.
Tolong diucapankan pelan-pelan.
똘롱 디우짭깐 뻴란-뻴란

다시 한 번 말씀해 주십시오.
Tolong diulangi sekali lagi.
똘롱 디울랑이 스깔리 라기

파출소 좀 가르쳐 주십시오.
Tolong tunjukkan kantor polisi.
똘롱 뚠죽깐 깐또르 뽈리시

병원 좀 가르쳐 주십시오.
Tolong tunjukkan rumah sakit.
똘롱 뚠죽깐 루마 사낏

도움이 필요하십니까? 이렇게 말씀하십시오~!

"여행회화, 기본의 기본입니다! 미리 준비해 두시면 유용하게 자주 쓸 수 있는 표현들입니다!!!"

초간편 기본회화!
Best Basic Conversation!

여행 인도네시아어 회화!
기본의 기본을 소개합니다.
6가지 기본 상황별로 정리했습니다!

도움을 받았다면
반드시 감사의
인사를 전합니다.

감사합니다.
Terima kasih.

뜨리마 까시

고맙습니다.
Terima kasih.

뜨리마 까시

정말 고마워요.
Terima kasih banyak.

뜨리마 까시 바냑

초간편 기본회화! ⑤ 기본회화

❺ 감사의 인사!

정말 도움이 많이 되었습니다.
Bantuan Anda sangat berharga bagi saya.
반뚜안 안다 상앗 버르하르가 바기 사야

천만에요.
Kembali.
끔발리

저도 감사합니다.
Sama-sama.
사마-사마

감사의 인사, 정중하면 할수록 더욱 좋습니다~!

"여행회화, 기본의 기본입니다! 미리 준비해 두시면 유용하게 자주 쓸 수 있는 표현들입니다!!!"

초간편 기본회화!
Best Basic Conversation!

여행 인도네시아어 회화!
기본의 기본을 소개합니다.
6가지 기본 상황별로 정리했습니다!

날씨와 시간에 대해 이야기 하는 방법들입니다!

몇 시입니까?
Jam berapa?
잠 버라빠

오늘 며칠입니까?
Hari ini tanggal berapa?
하리 이니 땅갈 버라빠

오늘은 무슨 요일입니까?
Hari ini hari apa?
하리 이니 하리 아빠

❻ 날씨|시간|요일

오늘 날씨가 어떻습니까?
Bagaimanakah cuaca hari ini?
바게이마나까 쭈아짜 하리 이니

비가 올 것 같습니다.
Kelihatannya akan turun hujan.
끌리핫딴냐 아깐 뚜룬 후잔

날씨가 좋군요.
Cuacanya bagus.
쭈아짜냐 바구스

덥군요.
Panas.
빠나스

춥군요.
Dingin. 딩인

요일과 날짜를 물을 때 쓰는 방법도 기억해 둡니다.

"여행회화, 기본의 기본입니다! 미리 준비해 두시면 유용하게 자주 쓸 수 있는 표현들입니다!!!"

잠깐, 인도네시아 여행정보!!

✚ 인도네시아에 대한 일반적인 상식!

ⓐ **인도네시아의 정식 명칭** : 인도네시아 공화국
 (**Republic of Indonesia**)

ⓑ **인도네시아의 종교** : 대부분이 이슬람교
 (단, 발리는 힌두교)

ⓒ **인도네시아의 수도** : 자카르타

ⓓ **인도네시아의 언어** : 바하사 인도네시아

ⓔ **인도네시아의 화폐** : 인도네시아 루피아 (**Rp**)

ⓕ **기타 인도네시아 정보:**

시차 : 우리나라보다 2시간 느림

전압 : 220V, 50Hz

1. 출발전 준비!

해외여행에 앞서 반드시 준비되어야 할 것들이 있습니다. 우선 기본적으로 갖추어야 할 것으로 ❶ 여권, ❷ 비자, ❸ 각종 증명서 발급, ❹ 항공권, ❺ 환전 및 여행자 보험 가입, ❻ 여행정보수집 등을 들 수 있습니다.

❶ 여권의 준비!

● **여권의 종류** : 여권은 '대한민국 국민임을 증명하는 증명서' 입니다. 외국에서의 안전을 보장해 주는 신분증이기에 가장 중요한 준비물입니다. 여권의 종류는 관용여권과 일반여권으로 나뉘며, 여행자들이 받게되는 일반여권은 유효기간에 따라 복수여권(5년), 단수여권(1년)으로 나뉩니다. 복수여권은 5년간 사용횟수에 제한이 없기 때문에 일반적으로 많이 신청합니다.

빠르게 찾고 쉽게 말하는 여행회화! 여러분의 여행을 보다 즐겁고 편안하게 만들어 드립니다!!

비자 | 각종 증명서!

● **여권의 신청** : 여권은 시, 구청 여권과에서 발급하며, 보통 2~3일 소요됩니다. (지방 시, 군청은 7~10일 소요) 여권 신청서류는 ⓐ 여권발급 신청서, ⓑ 주민등록등본 1통, ⓒ 주민등록증이나 운전면허증, ⓓ 여권용 사진 2매, ⓔ 병역서류(국외여행허가서), ⓕ 발급비(복수여권:45,000원, 단수여권:15,000원) 등 입니다.

❷ 비자의 준비!

비자(VISA)는 '입국사증', 즉 '입국을 허락하는 증명서' 로서 인도네시아 대사관에서 받을 수 있습니다. (서울시 영등포구 여의도동 55 ☎ 02-783-5675)

비자 신청 서류는 ⓐ **여권 (유효기간 3개월 이상의 것)**, ⓑ **비자신청서**, ⓒ **여권사진 2장**, ⓓ **여권 복사본**, ⓔ **수수료** 등 입니다.

그러나 인도네시아를 비롯한 동남아 대부분의 나라들은 우리 나라와 비자 면제 협정을 체결하고 있으므로 60일 이내의 관광에 한해서는 여권만 있으면 입국이 가능합니다.

❸ 각종 증명서!

ⓐ **국제학생증** : 국제학생여행연맹이 발급하는 전세계 어디에서나 통용되는 학생증입니다. 신청서류는 학생증사본, 반명함판 사진 1매, 신청서, 수수료이며, 발급장소는 국제학생여행사(☎ 02-733-9494)이며, 발급후 1년간 유효합니다. http://www.isic.co.kr

1. 출발전 준비!

ⓑ **유스호스텔회원증** : 여행자를 위한 숙소인 세계 각국의 유스호스텔을 사용할 수 있는 회원증입니다. 신청서류는 회원신청서 1부이며, 발급장소는 한국유스호스텔연맹(02-725-3031)이나 각 지방 유스호스텔 연맹에서 신청 가능합니다.
http://www.kyha.or.kr

ⓒ **국제운전면허증** : 여행지에서 직접 운전을 하실 분이라면 반드시 챙겨가야 하는 것이 운전 면허증입니다. 신청은 관할 운전면허시험장에서 하며, 신청서류는 여권, 운전면허증, 주민등록증, 사진1매, 수수료(5,000원)입니다.

✚ 그밖의 여행준비물!

그밖에 필요한 여행준비물들로는 먼저 ⓐ 옷가지(해당지역의 기후에 맞게 2~3벌), 우비 또는 우산, 양말, 속옷(3~4벌)이 필수적이며, 비지니스맨이라면 색상이 다른 와이셔츠와 넥타이 세벌씩은 기본입니다. ⓑ 위생용구(수건, 세면도구, 화장품, 비상약품 - 감기약, 소화제, 정로환, 반창고, 붕대, 파스, 생리용품)가 필요할 것이며, 그리고 ⓒ 작은 배낭, 전대, 맥가이버칼, 간단한 인스턴트 식품류 2~3일분, 소형 계산기, 카메라, 필름 등을 준비하면 됩니다.

빠르게 찾고 쉽게 말하는 여행회화! 여러분의 여행을 보다 즐겁고 편안하게 만들어 드립니다!!

❶ 항공권의 예약!

❶ 자카르타로 가는 항공편을 예약하고 싶습니다.

❷ 반둥으로 가는 배편을 예약하고 싶습니다.

❸ 언제 떠나실 예정이죠?

❹ 토요일 출발입니다.

❺ 금요일 오후에 출발하는 비행기가 있나요?

❻ 자카르타까지 왕복티켓 값이 얼마입니까?

❼ 이코노믹 클래스로 해주십시오.

1. 출발전 준비!

❶ Saya mau memesan tiket penerbangan ke Jakarta.
사야 마우 머머산 띠껫 뻐너르방안 꺼 자까르따

❷ Saya mau memesan tiket kapal laut ke Bandung.
사야 마우 머머산 띠껫 까빨 라웃 꺼 반둥

❸ Kapan mau berangkat?
까빤 마우 버랑깟

❹ Saya akan berangkat pada hari Sabtu.
사야 아깐 버랑깟 빠다 하리 삽뚜

❺ Adakah pesawat yang berangkat pada hari Kamis sore?
아다까 뻐사왓 양 버랑깟 빠다 하리 까미스 소레

❻ Berapa harganya ongkos karcis PP sampai Jakarta?
버라빠 하르가냐 옹꼬스 까르찌스 뻬뻬 삼빠이 자까르따

❼ Saya mau memesan tempat dengan kelas ekonomi.
사야 마우 머머산 뜸빳 등안 끌라스 에꼬노미

빠르게 찾고 쉽게 말하는 여행회화! 여러분의 여행을 보다 즐겁고 편안하게 만들어 드립니다!!

❷ 예약확인|취소|변경

❶ 항공권 예약 재확인을 하고 싶습니다.

❷ 승선권 예약 재확인을 하고 싶습니다.

❸ 이 예약을 취소해 주십시오.

❹ 예약을 변경하고 싶습니다.

❺ 비행기 번호를 말씀해 주시겠습니까?

❻ 이름은 박세영이고 비행기편은 304입니다.

❼ 선생님의 예약이 확인되었습니다.

1. 출발전 준비!

❶ Saya mau konfirmasi kembali karcis pesawat saya.
사야 마우 꼰피르마시 끔발리 까르찌스 뻬사왓 사야

❷ Saya mau konfirmasi kembali karcis kapal laut saya.
사야 마우 꼰피르마시 끔발리 까르찌스 까빨 라웃 사야

❸ Minta membatalkan pesanan ini.
민따 멈바딸깐 뻬산안 이니

❹ Saya mau mengubah pesanan.
사야 마우 멍우바 뻬산안

❺ Tolong memberitahukan nomor pesawat Anda.
똘롱 멈브리따후깐 노모르 뻬사왓 안다

❻ Nama saya Park Se-young dengan nomor penerbangan 304.
나마 사야 박세영 등안 노모르
뻐너르방안 띠가 놀 음빳

❼ Sudah dikonfirmasikan kembali, Bapak.
수다 디꼰피르마시깐 끔발리 바빡

빠르게 찾고 쉽게 말하는 여행회화! 여러분의 여행을 보다 즐겁고 편안하게 만들어 드립니다!!

항공권 관련 단어

● 항공권 예매관련 단어표현

한국어	인도네시아어	발음
항공편	**penerbangan**	뻐너르방안
예약	**pesanan**	뻐산안
배편	**kapal laut**	까빨 라웃
출발	**keberangkatan**	끄버랑깟딴
비행기	**kapal terbang**	까빨 떠르방
왕복티켓	**karcis pulang-pergi (PP)**	까르찌스 뿔랑 뻐르기 (뻬뻬)
재확인	**konfirmasi kembali**	꼰피르마시 끔발리
번호	**nomor**	노모르

2. 출국수속!

❶ 출국준비의 순서!

공항에서의 출국수속은 크게 다음과 같이 진행됩니다. 공항에 도착하시면 다음과 같은 순서로 출국수속을 밟으세요.

❶ 병무신고(남자 : 공항병무신고 사무소 3층 A카운터에서 확인필증 교부), ❷ 항공사 체크인(자신이 이용할 항공사 카운터로 이동해서 비행기 좌석번호와 수하물표를 받음), ❸ 관광진흥기금 구입(10,000원, 자동판매기 이용) 및 환전(공항환전소나 공항내 면세점 구역 환전소 이용), ❹ 출입국신고서 작성(출국심사대 앞에 비치되어 있음), ❺ 비행기 탑승수속, ❻ 세관신고(고가품은 신고필증(**custom stamp**)을 교부

빠르게 찾고 쉽게 말하는 여행회화! 여러분의 여행을 보다 즐겁고 편안하게 만들어 드립니다!!

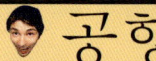 공항에서의 상식

받도록 함), ❼ 보안검색(금속탐지문 통과), ❽ 출국심사(탑승권, 여권, 출입국신고서를 제출하면 심사관이 확인한 후 날인과 함께 출입국신고서의 한쪽을 절취해 여권에 부착해 줌), ❾ 탑승 게이트로 이동, ❿ 탑승의 순서로 임하시면 되겠습니다.

공항에는 최소한 2~3시간 전에 도착하도록 하며, 비행기 출발 30분 전에는 탑승게이트 대기실에 도착해 있어야 합니다.

❷ 인천국제공항 상식

ⓐ **공항까지의 교통편** : 국제선 이용 승객은 인천국제공항을 이용합니다. 인천국제공항까지는 인천국제공항 전용고속도로(40.2km)를 이용합니다. 서울에서 인천공항까지의 이동 방법으로는 리무진 버스(서울역-인천국제공항간 75분 소요), 택시(60분 소요), 지하철(5호선 방화역, 김포공항에서 리무진 버스로 환승)을 이용하실 수 있습니다. 운송화물을 미리 보낼 경우, 김포 도심 터미널이나 삼성동 서울 도심공항 터미널을 이용하시면 공항 이용료가 할인됩니다.

> 인천국제공항 : **www.airport.or.kr**
> 서울 도심공항터미널 : **www.kcat.co.kr**

ⓑ **공항 면세점** : 출국심사를 마치고 탑승게이트 쪽으로 들어서면 공항 면세점이 중앙에 있습니다. 선물(시계, 화장품, 향수, 민속상품, 기념품)이나 기호품(담배, 술, 초콜릿, 문구류, 필름)을 할인된 가격으로 살 수 있습니다.

2. 출국수속!

❸ 공항에서 할 일!

ⓐ **병무신고** : 만 18세 이상 30세까지의 병역미필자는 인천국제공항 청사 3층에 있는 병무신고소에 거주지 동사무소로부터 발급 받은 신고필증을 제출하고, 확인필증을 교부받으면 됩니다.

ⓑ **항공사 데스크에서의 보딩패스** : 항공사 데스크로 가서 여권, 항공권을 제시하면 비행기내 좌석번호를 받게 됩니다. 그리고 탁송할 화물들을 계근대 위에 올려 놓으면 항공사 직원은 확인 후 수하물표(claim tag)를 가방에 달아 주고, 화물의 인환증을 항공표 뒷면에 붙여 줄 것입니다. 이때 인환증의 갯수와 행선지 표시를 반드시 확인해 만약 화물이 분실되었을 경우를 대비해야 합니다.

ⓒ **출국수속** : 공항이용권을 내고 출국심사장으로 들어 가면 곧바로 세관을 통과하게 되고 출국심사대 앞에 서게 됩니다. 이때는 여권, 항공권, 출국신고서를 심사대 직원에게 제출하면 됩니다. 직원은 여권의 유효관계를 확인하고 출국심사확인표를 여권에 붙여 줍니다.

✚ 관광진흥기금 구입과 출입국신고서 작성

'관광진흥기금'은 각 데스크 근처의 자동판매기에서 살 수 있습니다. 가격은 10,000원입니다. (이것은 출국수속장 입구에 내시면 됩니다) 그리고 출입국신고서는 탑승수속 카운터 앞쪽에 마련된 테이블에 비치되어 있는 출입국신고서(**E/D Card**) 양식에 작성하면 됩니다. 양식은 한글, 한자, 알파벳으로 작성합니다.

빠르게 찾고 쉽게 말하는 여행회화! 여러분의 여행을 보다 즐겁고 편안하게 만들어 드립니다!!

① 보딩패스! 1.

❶ 가루다 항공 탑승수속대가 어디에 있습니까?

❷ 비행기표를 보여 주시겠습니까?

❸ 출국장 카운터가 어디에 있습니까?

❹ 탑승권을 보여 주시겠습니까?

❺ 여기 있습니다.

❻ 통로측과 창측, 어느 쪽이 좋으십니까?

❼ 창가 좌석을 원합니다.

❽ 가루다 카운터로 짐을 운반해 주세요.

2. 출국수속!

❶ Di manakah loket penerbangan Garuda?
디 마나까 로껫 쁘너르방안 가루다

❷ Bolehkah saya melihat karcis pesawatnya?
볼레까 사야 멀리핫 까르찌스 쁘사왓냐

❸ Di manakah loket untuk check in?
디 마나까 로껫 운뚝 쩨끄 인

❹ Bolehkah saya melihat karcis pesawatnya?
볼레까 사야 멀리핫 까르찌스 쁘사왓냐

❺ Ya, ini.
야 이니

❻ Manakah yang lebih bagus, tempat duduk di gang atau dekat jendela?
마나까 양 르비 바구스 뜸빳 두둑 디 강 아따우 드깟 즌델라

❼ Saya mau duduk dekat jendela.
사야 마우 두둑 드깟 즌델라

❽ Tolong pindahkan barang ini ke loket Garuda.
똘롱 삔다깐 바랑 이니 꺼 로껫 가루다

빠르게 찾고 쉽게 말하는 여행회화! 여러분의 여행을 보다 즐겁고 편안하게 만들어 드립니다!!

❷ 보딩패스! 2.

❾ 짐이 있습니까?

❿ 짐은 전부 3개입니다.

⓫ 몇 번 게이트입니까?

⓬ 5번 게이트는 어딥니까?

⓭ 초과요금이 얼마입니까?

⓮ 탑승 시간은 언제입니까?

⓯ 탑승권을 보여 주십시오.

⓰ 승선권을 보여 주십시오.

⓱ 여기 있습니다.

2. 출국수속!

❾ Apakah Anda punya bagasi?
아빠까 안다 뿌냐 바가시

❿ Bagasi saya ada 3.
바가시 사야 아다 띠가

⓫ Manakah pintu masuk?
마나까 삔뚜 마숙

⓬ Di mana pintu nomor lima?
디 마나 삔뚜 노모르 리마

⓭ Berapa biaya tambahannya?
버라빠 비아야 땀바한냐

⓮ Kapan saya harus naik?
까빤 사야 하루스 나익

⓯ Bolehkah saya melihat karcis pesawatnya?
볼레까 사야 멀리핫 까르찌스 뻐사왓냐

⓰ Bolehkah saya melihat karcis kapal lautnya?
볼레까 사야 멀리핫 까르찌스 까빨 라웃냐

⓱ Ya, ini.
야 이니

탑승 관련 단어

➡ 공항 관련 단어표현

한국어	인도네시아어	발음
항공권	**karcis pesawat**	까르찌스 뻐사왓
탑승권	**boarding pas**	보딩 패스
좌석번호	**nomor tempat**	노모르 뜸빳
금연석	**tempat duduk bebas rokok**	뜸빳 두둑 베바스 로꼭
여권	**paspor**	빠스뽀르
비자	**visa**	비사
수하물	**bagasi**	바가시
이륙	**tinggal landas**	띵갈 란다스
착륙	**pendaratan**	뻔다랏딴
승객	**penumpang**	뻐눔빵

3. 출발! 기내에서

 ❶ 기내의 안전수칙!

ⓐ **지정좌석** : 기내에서는 지정된 좌석에 앉아야 합니다. 짐은 머리 위쪽의 선반에 넣는데 안전을 위해 무거운 짐은 다리 아래에 놓습니다. 승무원의 지시에 따라 이착륙시에는 좌석에 앉고, 반드시 안전벨트를 착용합니다. 좌석상단의 메시지 램프에는 안전고도에서 정상운행 중일지라도 기류에 따라 경고등이 표시되곤 합니다. 이때 **'No Smoking'**은 '금연'을, **'Fasten Seat Belt'**는 '안전벨트를 매시오' 라는 뜻입니다.

ⓑ **좌석의 조정** : 비행기의 좌석은 뒤로 젖힐 수 있게 되어있어 장거리 여행시에는 뒤로 눕혀 잠을 잘 수도 있습니다. 그러나 이착륙시나 식사 때는 의자를 바로 세워 정위치로 만듭

# 기내에서의 상식!

니다. 눕힐 때는 뒷좌석의 손님에게 양해를 구하거나 천천히 젖히는 것이 바람직합니다. 자리가 불편할 경우 승무원에게 부탁하면 다른 자리로 옮길 수 있습니다.

ⓒ **안전사항** : 비행기 멀미를 하시는 분이라면 좌석 앞주머니에 준비되어 있는 구토용 봉지를 사용하시거나, 호출버튼을 눌러 스튜어디스에게 찬음료나 진정제 등을 부탁할 수 있습니다. 그리고 기내 주요 유의사항으로는 비행기 안전운항에 장애가 될 수 있기 때문에 모든 전자제품의 사용을 금하는 것과 다른 승객에게 불편이 될 수 있기 때문에 기내에서는 금연이라는 것, 그리고 흉기의 기내 반입은 절대 금지되고 있음을 기억해 주십시오.

 ## ❷ 기내의 식사!

기내식으로 제공되는 것으로는 식사, 차, 주류 및 청량음료 등이 있습니다. 좌석의 등급별로 식사는 다르게 나오며, 본인이 못 먹는 음식은 피할 수도 있습니다. (채식식단과 육식식단이 함께 준비되기 때문에 선택적으로 주문이 가능합니다.) 기내식은 통상 이륙 후 3~4시간 후에 서비스됩니다. 음료는 식사 때가 아니더라도 필요하면 언제라도 주문이 가능하며, 기내에서는 탄산음료 보다는 물이나 과일 주스류가 좋습니다. 주류는 제한된 양이지만 맥주 한두 캔이나 와인 한두 잔은 무료로 서비스됩니다. 그러나 기내에서의 음주는 기압과 안전을 고려해 평소 주량의 1/3 정도만 드시는 것이 좋습니다.

 ## ❸ 기내의 서비스들!

인도네시아의 자카르타까지 항공편으로 갈 경우 소요되는 시간은 약 6시간 정도입니다. 인도네시아행 기내에서는 좌석의

3. 출발! -기내에서-

팔걸이에 장치된 다이얼과 좌석 주머니의 이어폰을 사용하여 영화와 함께 스포츠 방송을 볼 수 있고, 팝송, 컨트리송, 가요, 클래식 등 장르별로 음악을 즐길 수도 있습니다. 영화나 방송의 내용 그리고 음향이나 채널의 안내는 앞에 비치된 안내책자를 참고하십시오. 그밖에 인도네시아 신문, 잡지 및 트럼프, 바둑 등의 오락기구도 구비되어 있어서 필요할 때 승무원에게 요구하시면 됩니다. 이들 오락기구는 대부분 승객들에게 서비스 되는 것들로 기념품으로 가져가도 됩니다. (단, 헤드폰과 담요는 반납해야 함)

 ### ❹ 기내의 면세쇼핑!

기내에서는 양주, 담배, 향수, 시계, 화장품, 스카프, 완구 등의 기호품과 선물용품들이 면세된 가격으로 판매됩니다. 세계적으로 유명한 제품들이 선정되어 구비되어 있으며, 주문과 배달도 가능합니다. 쇼핑 품목 및 수량은 인도네시아의 반입 허용량을 고려하여 구입하도록 하며 그 이상 구입시에는 입국시에 신고해야합니다. .

✚ 기내화장실 상식!

기내 화장실은 남녀 공용입니다. 화장실의 현재 사용 상태는 벽면의 표시등으로 표시됩니다. 사용중이면 **'Occupied'**, 비어 있을 때는 **'Vacant'**라는 표시등에 불이 켜집니다. 화장실로 들어 갈때는 문을 밀어서 열고, 나올 때는 잡아 당겨서 문을 엽니다. 화장실의 사용법은 일반 수세식변기 사용과 같으며, 사용한 휴지는 쓰레기통에 버려야 합니다. 이착륙시 또는 이상 기류로 기체가 흔들릴 때는 **'Return to seat'**(좌석으로 돌아가라)라는 표시등이 켜지게 됩니다. 이럴 땐 서둘러 자리로 돌아가도록 합니다. 그리고 화장실도 금연구역이므로 반드시 지키도록 합니다.

Toilet

빠르게 찾고 쉽게 말하는 여행회화! 여러분의 여행을 보다 즐겁고 편안하게 만들어 드립니다!!

① 기내 입구에서!

❶ 자리를 바꿔도 되겠습니까?

❷ 자리를 바꿔 주십시오.

❸ 통로쪽 자리였으면 좋겠군요.

❹ 이 자리에 앉아도 될까요?

❺ 여긴 제자리 같은데요.

❻ 잠깐 지나가도 될까요?

❼ 이 의자는 어떻게 젖힙니까?

❽ 좌석을 제 위치로 해 주십시오.

❾ 이 비행기는 정시에 이륙합니까?

3. 출발! -기내에서-

❶ Bolehkah saya pindah tempat duduk?
볼레까 사야 삔다 뜸빳 두둑

❷ Tolong pindahkan tempat saya.
똘롱 삔다깐 뜸빳 사야

❸ Saya ingin tempat di sebelah gang.
사야 잉인 뜸빳 디 스블라 강

❹ Bolehkah saya duduk di tempat ini?
볼레까 사야 두둑 디 뜸빳 이니

❺ Nampaknya ini tempat saya.
남빡냐 이니 뜸빳 사야

❻ Bolehkah saya lewat sebentar?
볼레까 사야 레왓 스번따르

❼ Bagaimana melebarkan sandaran kursi ini?
바게이마나 멀레바르깐 산다란 꾸르시 이니

❽ Tolong bereskan sandaran kursinya.
똘롱 베레스깐 산다란 꾸르시냐

❾ Apakah pesawat ini dapat tinggal landas sesuai jadwal?
아빠까 뻐사왓 이니 다빳 띵갈 란다스
스수에이 자드왈

빠르게 찾고 쉽게 말하는 여행회화! 여러분의 여행을 보다 즐겁고 편안하게 만들어 드립니다!!

❷ 기내 좌석에서!

❶ 물 한 잔 주십시오.

❷ 마실 것 좀 가져다 주시겠습니까?

❸ 두통약 좀 갖다 주시겠어요?

❹ 담요 한 장 주시겠습니까?

❺ 베개 좀 가져다 주시겠습니까?

❻ 신문이나 잡지 보시겠습니까?

❼ 한국 신문 있나요?

❽ 이 벨트는 어떻게 맵니까?

❾ 찬 바람은 어떻게 끕니까?

3. 출발! -기내에서-

❶ Minta segelas air.
민따 스글라스 아이르

❷ Bolehkah saya meminta suatu minuman?
볼레까 사야 머민따 수아뚜 미눔안

❸ Minta obat pusing.
민따 오밧 뿌싱

❹ Tolong beri saya selimut.
똘롱 브리 사야 슬리뭇

❺ Tolong beri saya bantal.
똘롱 브리 사야 반딸

❻ Apakah Anda mau membaca surat kabar atau majalah?
아빠까 안다 마우 멈바짜 수랏 까바르 아따우 마잘라

❼ Adakah surat kabar Korea?
아다까 수랏 까바르 꼬레아

❽ Bagaimana saya memasang sabuk pengaman ini?
바게이마나 사야 머마상 사북 뻥아만 이니

❾ Bagaimana menghentikan AC?
바게이마나 멍흔띠깐 아쎄

빠르게 찾고 쉽게 말하는 여행회화! 여러분의 여행을 보다 즐겁고 편안하게 만들어 드립니다!!

❸ 기내식의 주문!

❶ 닭고기와 쇠고기, 어느 것을 드시겠습니까?

❷ 쇠고기 요리로 주세요.

❸ 커피와 홍차 중 어떤 것을 드릴까요?

❹ 커피를 부탁합니다.

❺ 크림과 설탕을 넣어 드릴까요?

❻ 아니요, 그냥 마시겠습니다.

❼ 손님, 식사 다 하셨습니까?

버터 : **mentega** (먼떼가)
치즈 : **keju** (께주)
음료 : **minuman** (미눔안)

앗! 단어장!

3. 출발! -기내에서-

❶ **Mau makan apa, daging ayam atau daging sapi?**
마우 마깐 아빠 다깅 아얌 아따우 다깅 사삐

❷ **Daging sapi saja.**
다깅 사삐 사자

❸ **Mau minum apa, kopi atau teh?**
마우 미눔 아빠 꼬삐 아따우 떼

❹ **Kopi saja.**
꼬삐 사자

❺ **Anda mau susu dan gula?**
안다 마우 수수 단 굴라

❻ **Tidak usah.**
띠닥 우사

❼ **Sudah selesai makannya?**
수다 슬르사이 마깐냐

커피 : **kopi** (꼬삐)
홍차 : **teh** (떼)
맥주 : **bir** (비르)

앗! 단어장!

④ 기내에서의 쇼핑!

❶ 기내에서 향수를 팝니까?

❷ 배 안에서 면세품을 팝니까?

❸ 볼펜 있습니까?

❹ 한 세트에 얼마입니까?

❺ 20,000 루삐아입니다.

❻ 위스키 2병 주세요.

❼ 술과 향수를 사고 싶습니다.

❽ 담배를 사고 싶은데요.

❾ 한 상자 주세요.

3. 출발! -기내에서-

❶ Parfum dijual di pesawat?
빠르퓸 디주알 디 뻐사왓

❷ Apakah di kapal laut dijual barang bebas pajak?
아빠까 디 까빨 라웃 디주알 바랑 베바스 빠작

❸ Bolehkah saya meminjam bolpoin?
볼레까 사야 머민잠 볼뽀인

❹ Berapa harganya satu paket?
버라빠 하르가냐 사뚜 빠껫

❺ 20.000 Rupiah.
두아 뿔루 리부 루삐아

❻ Minta 2 botol wiski.
민따 두아 보똘 위스끼

❼ Saya mau membeli alkohol dan parfum.
사야 마우 멈블리 알꼬홀 단 빠르퓸

❽ Saya mau membeli rokok.
사야 마우 멈블리 로꼭

❾ Minta satu bungkus.
민따 사뚜 붕꾸스

❺ 신고서의 작성!

❶ 펜 좀 써도 될까요?

❷ 그럼요. 여기 있습니다.

❸ 인도네시아어를 아십니까?

❹ 제 입국카드 좀 봐주시겠습니까?

❺ 이 양식의 기재법을 가르쳐 주세요.

❻ 여기에 무엇을 써야 합니까?

❼ 입국신고서를 한 장 더 얻을 수 있을까요?

3. 출발! -기내에서-

❶ Bolehkah saya meminjam pena?
볼레까 사야 머민잠 뻬나

❷ Ya, silakan.
야 실라깐

❸ Apakah Anda dapat berbahasa Indonesia?
아빠까 안다 다빳 버르바하사 인도네시아

❹ Tolong perlihatkan kartu kedatangan saya.
똘롱 뻐를리핫깐 까르뚜 끄다땅안 사야

❺ Tolong beritahukan cara mengisi formulir ini.
똘롱 버리따후깐 짜라 멍이시 포르물리르 이니

❻ Hal apa yang dituliskan di sini?
할 아빠 양 디뚤리스깐 디 시니

❼ Minta satu helai surat pelaporan kedatangan lagi.
민따 사뚜 흘라이 수랏 뻴라뽀란 끄다땅안 라기

빠르게 찾고 쉽게 말하는 여행회화! 여러분의 여행을 보다 즐겁고 편안하게 만들어 드립니다!!

⑥ 기내에서의 대화!

❶ 어디까지 가십니까?

❷ 자카르타까지 갑니다.

❸ 반둥의 친구 집에 갑니다.

❹ 이번이 처음입니다.

❺ 잡지를 빌려 주십시오.

❻ 씨트를 눕혀도 되겠습니까?

❼ 지금 어디를 날고 있습니까?

❽ 지금 어디를 지나고 있습니까? (배의 경우)

❾ 드디어 도착했군요.

3. 출발! -기내에서-

❶ Anda mau ke mana?
안다 마우 꺼 마나

❷ Ke Jakarta.
꺼 자까르따

❸ Pergi ke rumah teman saya di Bandung.
뻐르기 꺼 루마 뜨만 사야 디 반둥

❹ Ini perjalanan pertama.
이니 뻐르잘란안 뻐르따마

❺ Tolong pinjam majalah.
똘롱 삔잠 마잘라

❻ Bolehkah saya melebarkan sandaran kursi saya?
볼레까 사야 멀레바르깐 산다란 꾸르시 사야

❼ Sekarang pesawat ini melewat daerah mana?
스까랑 뻐사왓 이니 멀레왓 다에라 마나

❽ Sekarang kapal laut ini sedang lewat di mana?
스까랑 까빨 라웃 이니 스당 레왓 디 마나

❾ Akhirnya sampai.
악히르냐 삼빠이

빠르게 찾고 쉽게 말하는 여행회화! 여러분의 여행을 보다 즐겁고 편안하게 만들어 드립니다!!

기내 관련 단어들!

➡ 기내용 단어표현

안전 벨트	**sabuk pengaman**	
	사북 뼁아만	
착용	**pemakaian**	뻐마께이안
호출 버튼	**tombol panggilan**	
	또ㅁ볼 빵길란	
사용중	**sedang digunakan**	
	스당 디구나깐	
비어 있음	**kosong**	꼬송
이어폰	**earphone**	이어르폰
기장	**kapten pesawat terbang**	
	깝뗀 뻐사왓 떠르방	
비상구	**jalan darurat**	잘란 다루랏
중앙	**pertengahan**	뻐르뜨ㅇ아한
통로쪽	**tempat duduk di gang**	
	뜸빳 두둑 디 강	
출국카드	**kartu keberangkatan**	
	까르뚜 끄버랑까딴	
입국카드	**kartu kedatangan**	
	까르뚜 끄다땅안	
목적지	**tempat tujuan**	
	뜸빳 뚜주안	
고도	**ketinggian**	끄띵기안

3. 출발! -기내에서-

난기류	**kondisi ketidaknyamanan di udara**
	꼰디씨 끄띠닥냐만안 디 우다라
구명동의	**jaket pelampung** 자껫 쁠람뿡
구토봉지	**kantong plastik untuk muntah**
	깐똥 쁠라스틱 운뚝 문따

⮕ 신고서 작성시 필요한 단어

여권	**paspor**	빠스뽀르
출국카드	**kartu keberangkatan**	
	까르뚜 끄버랑까딴	
입국카드	**kartu kedatangan**	
	까르뚜 끄따땅안	
관광	**pariwisata**	빠리위사따
상용	**bisnis**	비스니스
수하물	**bagasi**	바가시
세관	**pabean**	빠베안
선물	**oleh-oleh**	올레-올레
향수	**parfum / minyak wangi**	
	빠르품 / 미냑 왕이	
보석	**permata**	뻐르마따
신고서	**surat pelaporan**	수랏 쁠라뽀란
주소	**alamat**	알라맛

빠르게 찾고 쉽게 말하는 여행회화! 여러분의 여행을 보다 즐겁고 편안하게 만들어 드립니다!!

✚ 기내 관련 단어들!

전화번호	**nomor telepon**	노모르 뗄레뽄
이름	**nama**	나마
사진	**foto**	포또
목적	**tujuan**	뚜주안
서명	**tanda tangan**	딴다 땅안
연락처	**alamat yang bisa dihubungi**	
	알라맛 양 비사 디후붕이	
성별	**jenis kelamin**	즈니스 끌라민

✚ 인도네시아의 기후!

인도네시아는 적도 남반부 위도 6도에 위치한 자카르타를 제외한 모든 섬들이 열대 지역에 속하므로 고산지대를 제외한 나머지 지역은 섭씨 25~30도 가량의 고온 다습한 기후입니다. 또 강우량에 따라 우기와 건기로 나눠지는데 우기는 대개 11월에서 1월, 건기는 6월에서 9월까지입니다. 따라서 인도네시아를 여행할 때에는 가벼운 여름 옷차림을 준비하면 되는데 요즘은 냉방 시설이 잘 되어 있는 곳이 많으므로 얇은 긴 소매 옷도 함께 가져가는 것이 좋겠습니다.

4. 목적지 도착!

 ❶ 입국절차 상식!

목적지의 공항에 도착해서 비행기에서 내리면 곧 입국절차를 밟게 됩니다. 입국절차는 출국과 반대의 순으로 진행됩니다. 즉 ⓐ 공항도착, ⓑ 'Arrival' 이라고 표시된 출구로 나갑니다, ⓒ 입국심사, ⓓ 수하물 찾기, ⓔ 세관검사, ⓕ 입국완료의 순으로 진행됩니다. 좀 더 세부적으로 소개하면 다음과 같습니다.

빠르게 찾고 쉽게 말하는 여행회화! 여러분의 여행을 보다 즐겁고 편안하게 만들어 드립니다!!

입국심사의 모든 것!

❷ 입국심사!

입국심사대(**Immigration**)로 가서. 여행자가 심사원에게 여권과 입국 신고서를 제시하면 심사관리는 여권확인과 함께 스탬프를 찍고 입국카드 확인부분을 여권에 넣어 다시 돌려주는데, 이렇게 하면 입국심사가 완료됩니다. 보통은 입국경위나 체재지, 체재기간 등을 묻지 않으므로 심사절차가 간단하게 마무리 됩니다.

❸ 수하물 찾기!

입국심사를 마치면 '수하물 찾는곳'(**baggage claim area**)으로 갑니다. 찾을 짐이 많으면 짐수레(**cart**)를 준비해 탁송된 짐이 실려 나오는 콘베이어 앞에서 기다립니다. (비슷한 가방이 많기 때문에 이름을 반드시 확인할 것) 국제공항에는 수하물 찾는 곳이 여러 곳이므로, 본인이 이용했던 항공편 표시등 아래로 찾아가야만 착오가 없습니다. 수하물이 나오는 시간은 보통 30분 정도 걸리며, 착륙 비행기가 많을 경우에는 1시간 넘게 걸리는 때도 있습니다. 자신의 짐이 발견되면 수하물 인환증(**claim tag**)의 번호와 짐 번호를 확인하도록 하며, 만약 짐이 나오지 않을 경우에는 항공사 직원에게 협조를 구하도록 합니다. 분실신고는 화물도착 후 4시간 이내에 해야 합니다.

4. 목적지 도착!

❹ 세관통관 상식!

짐을 찾으면 마지막 통관문인 세관검사대(**Customs**)로 갑니다. 신고 순서가 되기 전에 모든 짐의 자물쇠를 풀어 세관원이 쉽게 볼 수 있게 합니다. 기내에서 작성한 세관 신고서와 여권을 세관원에게 제시하면 이를 토대로 짐을 조사하는데 주로 검색하는 품목은 과세 대상품입니다. 그러므로 과세 대상품에 속하는 귀금속, 사치품, 고급 카메라 등은 정확하게 신고해야 합니다. 만약, 과세대상을 신고하지 않으면 압류당하거나 무거운 벌금을 내게 됩니다. 이렇게 하면 인도네시아 입국을 위한 모든 심사과정이 끝이 납니다.

✚ 입국카드 작성법!

입국카드는 기내에서 미리 작성해 두도록 합니다. 입국카드의 작성법은 반드시 볼펜으로 기입하며, 영문 대문자로 씁니다. 기록내용은 ① **성과 이름**, ② **생년월일**, ③ **성별**, ④ **여권번호**, ⑤ **국적**, ⑥ **인도네시아 비자번호**, ⑦ **동행 사람수**, ⑧ **항공기 편명**, ⑨ **직업(해당란에 표시)**, ⑩ **인도네시아내 체류지**, ⑪ **서명** 등을 각각 기입하면 됩니다.

빠르게 찾고 쉽게 말하는 여행회화! 여러분의 여행을 보다 즐겁고 편안하게 만들어 드립니다!!

① 입국심사대에서 1.

❶ 여권 좀 보여 주시겠어요?

❷ 이것이 제 여권입니다.

❸ 여행목적은 무엇입니까?

❹ 관광입니다.

❺ 유학 왔습니다.

❻ 친구를 만나러 왔습니다.

❼ 사업상 왔습니다.

❽ 인도네시아 방문이 처음이십니까?

❾ 네, 이번이 처음입니다.

4. 목적지 도착!

❶ Tunjukkan paspor Anda kepada saya.
뚠죽깐 빠스뽀르 안다 꺼빠다 사야

❷ Ini paspor saya.
이니 빠스뽀르 사야

❸ Apa tujuan kunjungan kali ini?
아빠 뚜주안 꾼중안 깔리 이니

❹ Pariwisata.
빠리위사따

❺ Untuk belajar.
운뚝 벌라자르

❻ Untuk mengunjungi teman saya.
운뚝 멍운중이 뜨만 사야

❼ Untuk bisnis.
운뚝 비스니스

❽ Apakah perjalanan ke Indonesia ini kunjungan pertama?
아빠까 뻐르잘란안 꺼 인도네시아 이니 꾼중안 뻐르따마

❾ Ya, ini pertama kali.
야 이니 뻐르따마 깔리

빠르게 찾고 쉽게 말하는 여행회화! 여러분의 여행을 보다 즐겁고 편안하게 만들어 드립니다!!

❷ 입국심사대에서 2.

❿ 인도네시아에는 얼마나 머물 계획이시죠?

⓫ 약 2주간입니다.

⓬ 어디서 머무십니까?

⓭ 자카르타의 물리아 호텔입니다.

⓮ 유스호스텔입니다.

⓯ 돌아갈 항공권을 갖고 계십니까?

⓰ 좋은 여행되십시오.

4. 목적지 도착!

❿ Berapa lama Anda akan tinggal di Indonesia?
버라빠 라마 안다 아깐 띵갈 디 인도네시아

⓫ Kurang-lebih 2 minggu.
꾸랑 르비 두아 밍구

⓬ Anda akan tinggal di mana?
안다 아깐 띵갈 디 마나

⓭ Hotel Mulia, Jakarta.
호뗄 물리아 자까르따

⓮ Asrama untuk muda-mudi.
아스라마 운뚝 무다-무디

⓯ Apakah Bapak mempunyai karcis pesawat untuk pulang?
아빠까 바빡 멈뿌냐이 까르찌스 뻐사왓 운뚝 뿔랑

⓰ Selamat berlibur.
슬라맛 버를리부르

❸ 수하물 찾기!

❶ 수하물은 어디서 찾습니까?

❷ 수하물 찾는 곳은 저쪽입니다.

❸ 검정색 가방이 제 것입니다.

❹ 제 짐이 보이지 않습니다.

❺ 이것이 나의 수하물 인환증입니다.

❻ 제 짐은 세 개입니다.

❼ 어느 정도의 크기입니까?

❽ 현금 50만 루삐아가 있습니다.

❾ 수하물 보관증을 받을 수 있을까요?

4. 목적지 도착!

❶ Di manakah saya dapat mengambil bagasi?
디 마나까 사야 다빳 멍암빌 바가시

❷ Di situ Anda dapat mengambil bagasi.
디 씨뚜 안다 다빳 멍암빌 바가시

❸ Yang berwarna hitam itu tas saya.
양 버르와르나 히땀 이뚜 따스 사야

❹ Saya tidak mendapatkan bagasi saya.
사야 띠닥 먼다빳깐 바가시 사야

❺ Ini tanda pertukaran bagasi saya.
이니 딴다 뻐르뚜까란 바가시 사야

❻ Bagasi saya ada 3.
바가시 사야 아다 띠가

❼ Berapa besarnya?
버라빠 버사르냐

❽ 500.000 Rupiah dengan tunai.
리마 라뚜스 리부 루삐아 등안 뚜나이

❾ Minta tanda terima penyimpanan bagasi.
민따 딴다 뜨리마 뻐님빤안 바가시

빠르게 찾고 쉽게 말하는 여행회화! 여러분의 여행을 보다 즐겁고 편안하게 만들어 드립니다!!

④ 세관심사!

❶ 신고하실 물건이 있습니까?

❷ 신고할 것은 아무것도 없습니다.

❸ 예, 보석이 있습니다.

❹ 위스키를 두 병 가지고 있습니다.

❺ 트렁크를 열어 주십시오.

❻ 이것들은 전부 무엇입니까?

❼ 전부 신변용품입니다.

❽ 친구에게 줄 선물입니다.

❾ 한국에서는 어느 정도의 가격입니까?

4. 목적지 도착!

❶ **Adakah barang yang perlu dilaporkan?**
아다까 바랑 양 뻐를루 딜라뽀르깐

❷ **Tidak ada.**
띠닥 아다

❸ **Ya, saya punya permata.**
야 사야 뿌냐 뻐르마따

❹ **Saya punya 2 botol wiski.**
사야 뿌냐 두아 보똘 위스끼

❺ **Mohon membuka kopor Anda.**
모혼 멈부까 꼬뽀르 안다

❻ **Ini semuanya untuk apa?**
이니 스무아냐 운뚝 아빠

❼ **Hanya pakaian dan alat-alat mandi saja.**
하냐 빠께이안 단 알랏-알랏 만디 사자

❽ **Oleh-oleh untuk teman.**
올레-올레 운뚝 뜨만

❾ **Kira-kira berapa harganya di Korea?**
끼라-끼라 버라빠 하르가냐 디 꼬레아

❺ 공항 여행안내소

❶ 관광안내소는 어디 있습니까?

❷ 곧장 가십시오.

❸ 좋은 숙소를 소개해 주시겠습니까?

❹ 여기서 호텔을 예약하고 싶습니다.

❺ 유스호스텔이 현재 개장중입니까?

❻ 버스는 어디서 탑니까?

❼ 렌터카는 어디서 빌립니까?

앗! 단어장!

관광안내소 :

kantor informasi pariwisata

(깐또르 인포르마시 빠리위사따)

4. 목적지 도착!

❶ Di mana kantor informasi pariwisata?
디 마나 깐또르 인포르마시 빠리위사따

❷ Ikuti terus jalan ini.
이꾸띠 떠루스 잘란 이니

❸ Minta diperkenalkan tempat penginapan yang bagus.
민따 디뻐르끄날깐 뜸빳 뼁이나빤 양 바구스

❹ Saya mau memesan hotel di sini.
사야 마우 머머산 호뗄 디 시니

❺ Asrama untuk muda-mudi sudah dibuka?
아스라마 운뚝 무다-무디 수다 디부까

❻ Halte busnya di mana?
할뜨 버스냐 디 마나

❼ Di manakah saya dapat menyewa mobil?
디 마나까 사야 다빳 머녜와 모빌

화장실 : toilet / kamar kecil
　　　　　(또일렛 / 까마르 끄찔)
정류장 : halte (할뜨)

앗! 단어장!

입국 관련 단어들!

➡ 인도네시아 공항에서 필요한 단어

한국어	인도네시아어	발음
공항	bandar udara	반다르 우다라
항공회사	maskapai penerbangan	마스까빠이 뻐너르방안
리무진버스	bus limousine	버스 리무진
은행	bank	방
기입하다	mencatat	먼짜땃
수표	cek	쩩
환율	kurs mata uang	꾸르스 마따 우앙
동전	koin	꼬인
지폐	uang kertas	우앙 꺼르따스
여행자수표	travel cek	뜨래블 쩩
공중전화	telepon umum	뗄레뽄 우뭄
화장실	toilet / kamar kecil	또일렛 / 까마르 끄찔
관광안내소	kantor informasi pariwisata	깐또르 인포르마시 빠리위사따
플랫폼	peron	뻬론
타는 곳	tempat naik	뜸빳 나익
택시	taksi	딱시
기차	kereta api	끄레따 아삐
버스	bus	버스
정류장	halte	할뜨

5. 호텔의 이용!

❶ 호텔의 예약!

요즘은 대부분 출발전 한국에서 호텔예약을 하거나 본인이 직접 인터넷으로 예약을 합니다. 때문에 호텔예약 확인증(바우쳐)을 받아서 가지고 나가면 숙소 문제는 미리 해결하고 갈 수 있습니다. 한국에서 호텔을 미리 예약할 경우, 현지 요금의 80~85% 정도로 저렴합니다. (대부분의 여행사나 인터넷 사이트를 이용하면 쉽게 찾을 수 있습니다.)
인도네시아 현지의 호텔을 정할 때 가장 중요한 사항은 교통이 편리한지, 식사가 제공되는지, 가격은 적당한지 등입니다. 예약시에는 원하는 방의 종류, 도착일, 숙박일수, 항공편 등을 알려 주어야 하며, 현지에서 예약할 경우는 직접 전화

호텔은 이렇게 이용!

를 하거나 여행 안내소에 예약을 부탁하면 됩니다. 하지만 밤 늦게 도착할 경우나 작은 지방 도시에 가는 경우에는 미리 예약을 해두는 것이 좋겠습니다.

❷ 숙박시설!

호텔 : 인도네시아에서 호텔은 매우 고급스러운 숙박시설부터 비교적 저렴한 시설까지 있는데, 가격대는 천차만별이며, 호텔별로 유명한 시설이 있으므로, 현지 안내인에게 물어보는 것이 좋습니다. 값싼 호텔의 경우, 예전에는 온수가 나오지 않는 등, 문제점이 많았으나, 최근에는 그러한 현상은 거의 없으므로, 호텔 이용에 있어 불편은 걱정하지 않아도 됩니다.

게스트 하우스 : 외국인 여행자를 위한 고급스러운 민박 시설로 자카르타의 자크사 거리에 값싼 게스트 하우스가 많이 있습니다.

로스멘 : 로스멘은 가격이 저렴한 숙박 시설로 방에 2개 이상의 침대가 있고 화장실과 욕실을 공동으로 사용하게 되어 있습니다.

유스호스텔 : 유럽처럼 도처에 많이 있지는 않지만 가격이 저렴하고 여행자들끼리 정보를 교환할 수 있다는 점에서 매력적인 숙박시설이라 할 수 있겠습니다.

코티지 : 주로 바다와 가까운 곳에 야자나 대나무 등으로 꾸며 놓은 방갈로로서 발리섬의 사누르, 꾸따 등에 많이 있습니다.

5. 호텔의 이용!

❸ 호텔 이용시 주의점! 1

호텔 이용시 도난 사건이 빈번히 일어나므로 귀중품은 객실 안전함이나 프런트에 맡기도록 합니다. 객실에서 도난 사고가 일어날 경우에 호텔에서는 책임을 지지 않으므로 개인 스스로가 주의를 하여야 합니다.

❹ 호텔 이용시 주의점! 2

인도네시아 역시 동남아 다른 국가와 마찬가지로 물이 좋지 않은 경우가 많으므로, 호텔 내의 수돗물은 그냥 드시지 마시고, 반드시 생수를 구입하여 음용하시기 바랍니다.

✚ 화장실 이용시 주의점!

인도네시아의 화장실에는 휴지와 휴지통이 없는 곳이 많습니다. 그 대신에 한쪽에 수도 꼭지가 있거나 물을 담아 놓은 통이 놓여 있는 것을 볼 수 있는데 이것은 인도네시아 사람들이 관습상 볼일을 보고 왼손으로 닦아왔기 때문입니다. 요즘은 외국인이 많이 이용하는 호텔이나 레스토랑에는 휴지와 휴지통이 비치되어 있지만 그렇지 않은 곳도 아직 많이 있으므로 항상 휴지를 준비해 다니도록 합니다. 또 휴지통이 없는 화장실의 경우 변기에 휴지를 버리면 수압이 낮아서 변기가 막히는 경우가 있으므로 주의하도록 합니다.

빠르게 찾고 쉽게 말하는 여행회화! 여러분의 여행을 보다 즐겁고 편안하게 만들어 드립니다!!

❶ 체크인(예약시)

❶ 예약하셨습니까?

❷ 예약했습니다.

❸ 예, 저는 김입니다만.

❹ 5박을 예약했습니다.

❺ 예, 303호실입니다.

❻ 여기에 사인을 부탁드립니다.

❼ 이 귀중품을 맡아 주십시오.

❽ 지금 곧 방으로 들어 갈 수 있습니까?

❾ 방을 보여주세요.

5. 호텔의 이용!

❶ Sudahkah pesan?
수다까 뻐산

❷ Sudah.
수다

❸ Ya, saya Kim.
야 사야 김

❹ Saya pesan untuk 5 hari.
사야 뻐산 운뚝 리마 하리

❺ Ya, nomor 303.
야 노모르 띠가 놀 띠가

❻ Minta tanda tangan di sini.
민따 딴다 땅안 디 시니

❼ Tolong simpankan barang berharga ini.
똘롱 심빤깐 바랑 버르하르가 이니

❽ Apakah sekarang saya dapat langsung menggunakan kamar?
아빠까 스까랑 사야 다빳 랑숭 멍구나깐 까마르

❾ Bolehkah saya melihat kamarnya dulu?
볼레까 사야 멀리핫 까마르냐 둘루

빠르게 찾고 쉽게 말하는 여행회화! 여러분의 여행을 보다 즐겁고 편안하게 만들어 드립니다!!

❷ 체크인(미예약) 1

❶ 어서오십시오.

❷ 방을 예약하고 싶습니다.

❸ 오늘 밤 묵을 수 있습니까?

❹ 죄송합니다만, 만실입니다.

❺ 조용한 방이 있습니까?

❻ 1인실로 부탁합니다.

❼ 며칠간 머무르십니까?

❽ 오늘밤부터 3일간 머물겠습니다.

❾ 방값은 얼마입니까?

5. 호텔의 이용!

❶ Selamat datang.
슬라맛 다땅

❷ Saya mau memesan kamar.
사야 마우 머머산 까마르

❸ Ada kamar kosong untuk malam ini?
아다 까마르 꼬송 운뚝 말람 이니

❹ Maaf, sudah penuh semua.
마아프 수다 뻐누 스무아

❺ Adakah kamar yang sepi?
아다까 까마르 양 스삐

❻ Minta kamar untuk satu orang.
민따 까마르 운뚝 사뚜 오랑

❼ Untuk berapa hari?
운뚝 버라빠 하리

❽ Untuk 3 hari mulai hari ini.
운뚝 띠가 하리 물라이 하리 이니

❾ Berapa tarif penginapannya?
버라빠 따리프 뼁이나빤냐

③ 체크인(미예약) 2

❿ 좀 더 싼 방은 없습니까?

⓫ 요금에 조식포함입니까?

⓬ 서비스료가 포함된 것입니까?

⓭ 세금은 포함되었습니까?

⓮ 체크아웃은 언제입니까?

⓯ 지금 곧 방으로 들어 갈 수 있습니까?

⓰ 방을 보여주세요.

5. 호텔의 이용!

❿ **Ada yang lebih murah?**
아다 양 르비 무라

⓫ **Apakah ini sudah termasuk biaya sarapan?**
아빠까 이니 수다 떠르마숙 비아야 사라빤

⓬ **Apakah ini sudah termasuk biaya pelayanan?**
아빠까 이니 수다 떠르마숙 비아야 쁠라얀안

⓭ **Apakah ini sudah termasuk pajak?**
아빠까 이니 수다 떠르마숙 빠작

⓮ **Kapan check out?**
까빤 쩩 아웃

⓯ **Apakah sekarang saya dapat langsung menggunakan kamar?**
아빠까 스까랑 사야 다빳 랑숭 멍구나깐 까마르

⓰ **Bolehkah saya melihat kamarnya dulu?**
볼레까 사야 멀리핫 까마르냐 둘루

④ 룸서비스의 이용!

❶ 룸 서비스를 불러 주십시오.

❷ 모닝콜을 부탁합니다.

❸ 내일 아침 7시 반에 부탁합니다.

❹ 구두를 닦아 주십시오.

❺ 다리미질을 부탁합니다.

❻ 에어컨이 작동하지 않습니다.

❼ 뜨거운 물이 안나와요.

❽ 화장실 물이 안나와요.

❾ 방을 좀 더 따뜻하게 해주세요.

5. 호텔의 이용!

❶ Minta disambungkan ke room service.
민따 디삼붕깐 꺼 룸 서비스

❷ Tolong morning call.
똘롱 모닝 콜

❸ Tolong bangunkan pada jam tujuh setengah pagi besok.
똘롱 방운깐 빠다 잠 뚜주 스떵아 빠기 베속

❹ Tolong semirkan sepatu saya.
똘롱 스미르깐 스빠뚜 사야

❺ Tolong seterika pakaian ini.
똘롱 스뜨리까 빠께이안 이니

❻ ACnya tidak beroperasi.
아쎄냐 띠닥 버르오뻐라시

❼ Air panas di kamar mandi tidak keluar.
아이르 빠나스 디 까마르 만디 띠닥 끌루아르

❽ Air di kamar kecil tidak keluar.
아이르 디 까마르 끄찔 띠닥 끌루아르

❾ Mohon lebih dipanaskan kamarnya.
모혼 르비 디빠나스깐 까마르냐

빠르게 찾고 쉽게 말하는 여행회화! 여러분의 여행을 보다 즐겁고 편안하게 만들어 드립니다!!

❺ 프론트의 이용!

❶ 열쇠를 방에 두고 왔습니다.

❷ 제게 온 메시지가 있습니까?

❸ 이 우편물을 좀 부쳐 주십시오.

❹ 이 짐을 맡아 주실 수 있습니까?

❺ 맡긴 짐을 찾고 싶습니다.

❻ 식당은 어디에 있습니까?

❼ 커피숍은 몇 시에 문을 엽니까?

❽ 비상구는 어디에 있습니까?

❾ 구내전화는 어디에 있습니까?

5. 호텔의 이용!

❶ Kunci ditinggalkan di kamar.
꾼찌 디띵갈깐 디 까마르

❷ Adakah pesanan untuk saya?
아다까 뻐산안 운뚝 사야

❸ Mohon dikirim paket pos ini?
모혼 디끼림 빠껫 뽀스 이니

❹ Bolehkah saya menitipkan barang ini?
볼레까 사야 머니띱깐 바랑 이니

❺ Saya mau mengambil barang yang dititipkan.
사야 마우 멍암빌 바랑 양 디띠띱깐

❻ Di mana ada restoran?
디 마나 아다 레스또란

❼ Kapan dibuka kafenya?
까빤 디부까 까페냐

❽ Di mana ada jalan darurat?
디 마나 아다 잘란 다루랏

❾ Di mana ada saluran telepon?
디 마나 아다 살루란 뗄레뽄

빠르게 찾고 쉽게 말하는 여행회화! 여러분의 여행을 보다 즐겁고 편안하게 만들어 드립니다!!

❻ 체크아웃!

❶ 하루 더 묵고 싶습니다.

❷ 체크 아웃 하겠습니다.

❸ 청구서를 가져와 주십시오.

❹ 계산서를 부탁합니다.

❺ 여행자 수표를 받습니까?

❻ 여행자 수표로 지불하겠습니다.

❼ 잘 지냈습니다.

프런트 : **resepsionis** (르쎕시오니스)
예약 : **pesanan** (쁘산안)
숙박하다 : **menginap** (멍이납)

5. 호텔의 이용!

❶ Saya mau menginap satu hari lagi.
사야 마우 멍이납 사뚜 하리 라기

❷ Saya mau check-out.
사야 마우 쩩 아웃

❸ Tolong dibawakan kwitansinya.
똘롱 디바와깐 끄위딴씨냐

❹ Tolong bon saya.
똘롱 본 사야

❺ Bisa diterima travel cek?
비사 디뜨리마 뜨래블 쩩

❻ Saya akan membayar dengan travel cek.
사야 아깐 멈바야르 등안 뜨래블 쩩

❼ Terima kasih atas pelayanan Anda.
뜨리마 까시 아따스 뻴라야난 안다

객실 : **kamar tamu** (까마르 따무)

숙박비 : **tarif penginapan**
　　　　　(따리프 뻥이나빤)

앗! 단어장!

호텔 관련 단어들!

▶ 체크인에 필요한 단어표현

한국어	인도네시아어	발음
프런트	**resepsionis**	르셉시오니스
예약	**pesanan**	뻐산안
숙박하다	**menginap**	멍이납
객실	**kamar tamu**	까마르 따무
숙박비	**tarif penginapan**	따리프 뻥이나빤
싱글 베드	**tempat tidur tunggal**	뜸빳 띠두르 뚱갈
더블 베드	**tempat tidur dua kali lipat**	뜸빳 띠두르 두아 깔리 리빳
트윈 베드	**dua tempat tidur**	두아 뜸빳 띠두르
목욕/샤워	**mandi**	만디
욕실 있는 방	**kamar dengan kamar mandi**	까마르 등안 까마르 만디
욕실 없는 방	**kamar tanpa kamar mandi**	까마르 딴빠 까마르 만디

5. 호텔의 이용!

빈방	**kamar kosong**	까마르 꼬송
숙박부	**bagian penginapan**	바기안 뻥이나빤
에어컨	**AC**	아쎄
난방	**pemanasan**	뻐마나산
열쇠	**kunci**	꾼찌
우편	**pos**	뽀스

● 객실 관련 단어표현

라디오	**radio**	라디오
텔레비젼	**televisi**	뗄레비시
재떨이	**asbak**	아스박
봉투	**amplop**	암쁠롭
전화	**telepon**	뗄레뽄
옷걸이	**gantungan jas**	간뚱안 자스
담요	**selimut**	슬리뭇
비누	**sabun**	사분

빠르게 찾고 쉽게 말하는 여행회화! 여러분의 여행을 보다 즐겁고 편안하게 만들어 드립니다!!

호텔 관련 단어들!

치약	**pasta gigi**	빠스따 기기
칫솔	**sikat gigi**	시깟 기기
베개	**bantal**	반딸
세탁물	**cucian**	쭈찌안
물	**air**	아이르
더운물	**air panas**	아이르 빠나스
화장실	**toilet / kamar kecil**	또일렛 / 까마르 끄찔
욕실	**kamar mandi**	까마르 만디

● 식사 관련 단어표현

식당	**restoran**	레스또랑
아침식사	**sarapan**	사라빤
아침식사	**makan pagi**	마깐 빠기
점심식사	**makan siang**	마깐 시앙
저녁식사	**makan malam**	마깐 말람

5. 호텔의 이용!

우유	susu	수수
커피	kopi	꼬삐
크림	krim	끄림
홍차	teh	떼
베이컨	bacon	베이컨
달걀	telur ayam	뗄루르 아얌
완숙	telur matang	뗄루르 마땅

반숙   **telur setengah matang**
뗄루르 스떵아 마땅

삶은 달걀   **telur rebus**
뗄루르 르부스

계란 프라이   **telur goreng**
뗄루르 고렝

스크렘블드 에그 **telur digoreng cacah - cacah**
뗄루르 디고렝 짜짜 - 짜짜

햄 에그   **ham dan telur**
함 단 뗄루르

오믈렛   **telur dadar**   뗄루르 다다르

빠르게 찾고 쉽게 말하는 여행회화! 여러분의 여행을 보다 즐겁고 편안하게 만들어 드립니다!!

호텔 관련 단어들!

➲ 룸서비스 관련 단어표현

룸 서비스	room service	룸서비스
이발소	salon pria	살론 쁘리아
미용실	salon	살론
신문	surat kabar	수랏 까바르
지도	peta	뻬따
영수증	kwitansi	끄위딴씨
서비스료	biaya pelayanan	비아야 뻴라얀안
세금	pajak	빠작
국제전화	telepon internasional	뗄레뽄 인떠르나시오날
국내전화	telepon lokal	뗄레뽄 로깔

➲ 호텔의 각종 시설 표현

상점가   kompleks perbelanjaan
            꼼쁠렉스 뻐르블란자안

5. 호텔의 이용!

백화점	**toko serba ada**	
	또꼬 서르바 아다	
면세점	**toko bebas bea**	
	또꼬 베바스 베아	
선물가게	**toko oleh-oleh**	
	또꼬 올레-올레	
양복점	**toko pakaian ala Barat**	
	또꼬 빠께이안 알라 바랏	
양장점	**toko model Barat**	
	또꼬 모델 바랏	
시계상점	**toko jam**	
	또꼬 잠	
화장품상점	**toko kosmetik**	
	또꼬 꼬스메틱	
은행	**bank**	방
이발소	**salon pria**	살론 쁘리아
미용실	**salon**	살론
약국	**apotik**	아뽀틱

빠르게 찾고 쉽게 말하는 여행회화! 여러분의 여행을 보다 즐겁고 편안하게 만들어 드립니다!!

인도네시아 정보!

✚ 인도네시아의 축제일!

인도네시아에서의 축제일과 기념일은 대부분 종교적인 날이 많으며, 이 경우 종교에서 지정한 달력, 즉 이슬람력 등의 달력을 쓰기 때문에 현재 세계적으로 통용되는 달력과는 날짜에 있어서 차이가 많습니다. 매년 그 행사일이 바뀌기 때문에, 그 경우 미리 현지에서 확인하거나 출발 전 대사관에서 확인을 하시고 가시는 것이 좋습니다.

[이슬람 축제일]
1. 이슬람 신년 - 이슬람 달력에서 첫번째 날
2. 모하메드 선지자 탄신일 - 이슬람 달력 3번째 달 12번째 날
3. 모하메드 선지자 승천일 - 이슬람 달력 7번째 달 27번째 날
4. 이둘 피뜨리(Idul Fitri) - 이슬람 금식월(라마단 Ramadan) 말 경으로, 친지들을 방문하는 대 축제일
5. 이둘 아드하 (Idul Adha) - 희생절, 가축을 잡아 그 고기를 가난한 이들에게 나누어주는 날

[힌두교]
1. Hari Raya Galungan - 조상신이 후손을 찾아오는 날
2. Hari Raya Nyepi - 발리의 힌두교 신년

[불교]
1. Hari Waisak (석가탄신일)

[국경일]
8월 17일 - 독립기념일

이외 인도네시아에서는 크리스마스 등 서구의 축제일이나 휴일도 같이 휴무를 합니다. 또한 설날(음력 1월 1일)부터는 짧게는 2주부터 약 1개월 간 휴가가 진행이 됩니다. 휴가기간 동안 친지를 방문하고, 회사 및 관공서도 이 기간동안은 거의 업무를 보지 않으므로 여행 시에는 이 기간 전에 미리 여행정보를 구해두시는 것이 좋습니다.

6. 식당과 요리!

❶ 인도네시아의 음식점!

인도네시아 요리의 특징은 우리와 비슷하게 쌀을 주식으로 하고 있다는 점입니다. 하지만 쌀 자체가 끈기가 없기때문에 우리나라의 찰기있는 밥과는 다릅니다. 식재료로서는 우리와 비슷한 종류의 야채와 쇠고기, 돼지고기, 닭고기 등을 사용하며 주로 볶거나 튀겨서 음식을 만듭니다. 인도네시아 식당의 종류는 다음과 같습니다.

레스토랑 : 호텔의 레스토랑이나 규모가 큰 거리의 식당

와룽 : 요깃거리를 할 수 있는 간이 음식점

주문과 식사법!

❷ 인도네시아 요리!

루작 : 매콤하고 달콤한 맛을 내는 과일 샐러드입니다.

가도 가도 : 인도네시아 식 샐러드로서 감자, 숙주나물, 양배추 삶은 것과 땀뻬, 오이, 두부 튀긴 것을 땅콩 소스에 버물린 것입니다

부부르 인진 : 상큼한 과일이 함께 곁들여진 코코넛 푸딩밥입니다.

바비 굴링 : 향긋한 허브와 매운 맛의 칠리로 양념한 돼지고기와 밥입니다.

나시 고랭 : 밥에다 닭고기, 닭똥집, 계란 등을 함께 볶아서 인도네시아 간장인 께짭아신으로 간을 맞춘 일종의 볶음밥으로서 꼬치나 계란 후라이 튀김 등과 곁들여 먹기도 합니다.

나시 짬뿌르 : 콩과 각종 야채, 그리고 고기가 들어 있는 밥입니다.

부부르 아얌 : 쌀로 만든 죽에 닭고기를 얹어서 먹는 닭죽으로서 인도네시아 간장인 께짭아신으로 간을 맞추어 먹습니다.

짭짜이 : 여러가지 야채를 볶아서 만든 음식입니다.

라와르 : 돼지고기나 오리고기에 구운 감자와 잘게 채를 썬 파파야, 완두콩, 코코넛을 넣고 각종 매콤한 양념으로 맛을 낸 고기 요리입니다.

6. 식당과 요리

이깐 고랭 : 여러 종류의 생선을 튀긴 것으로서 보통 소스와 같이 먹습니다.

아얌 고랭 : 닭을 튀기거나 구워서 만든 음식입니다.

나시 구득 : 코코넛 소스를 얹어서 먹는 족자카르타의 대표적인 요리입니다.

사떼 : 쇠고기, 돼지고기, 닭, 염소, 개고기 등을 꼬치에 끼워서 숯불에 구워 땅콩소스와 함께 먹는 음식입니다.

미 고랭 : 나시 고랭과 같이 재료를 볶은 요리로서 밥 대신 면을 사용합니다.

미 바소 : 쇠고기 어묵을 넣은 담백한 맛의 국수입니다.

미 아얌 : 닭고기나 바소를 이용한 육수에 면과 닭고기 야채를 얹어서 먹는 국수입니다.

삐상 고랭 : 바나나를 튀긴것으로서 주로 디저트로 먹습니다.

에스 부와 에스 짬부르 : 과일과 농축 우유를 넣어서 만든 빙수입니다.

✚ 식당 이용시 주의할 점 !

식당을 이용할 때, 음식이 나오기 전 레몬을 띄운 물그릇이 나오는데 이것은 인도네시아 사람들이 오른손을 이용해 밥과 반찬을 뭉쳐서 먹기때문에 손을 씻기 위해 나오는 물입니다.

❶ 식당을 찾을 때!

❶ 이 근처에 레스토랑이 있습니까?

❷ 이 거리에 중국 음식점이 있습니까?

❸ 좋은 인도네시아 음식점을 소개해 주십시오.

❹ 그다지 비싸지 않은 음식점이 좋습니다.

❺ 그 곳에 가는데 예약이 필요한가요?

❻ 8시에 네 사람의 자리를 예약하고 싶습니다.

❼ 저는 이입니다.

식사 : **makanan** (마깐안)
식당 : **restoran** (레스또란)

앗! 단어장!

6. 식당과 요리

❶ **Adakah restoran di sekitar sini?**
아다까 레스또란 디 스끼따르 시니

❷ **Adakah restoran Cina di jalan ini?**
아다까 레스또란 찌나 디 잘란 이니

❸ **Minta rekomendasi restoran Indonesia yang bagus.**
민따 레꼬멘다시 레스또란 인도네시아 양 바구스

❹ **Restoran yang tidak begitu mahal lebih baik.**
레스또란 양 띠닥 버기뚜 마할 르비 바익

❺ **Perlukah memesan dulu untuk pergi ke restoran itu?**
뻐를루까 머머산 둘루 운뚝 뻐르기 꺼 레스또란 이뚜

❻ **Saya mau pesan untuk 4 orang pada jam 8.**
사야 마우 뻐산 운뚝 음빳 오랑 빠다 잠 들라빤

❼ **Saya Lee.**
사야 이

정식 : **masakan tetap** (마사깐 뜨땁)

특별요리 : **menu istimewa**
(메누 이스띠메와)

❷ 식당의 예약!

❶ 어서 오십시오.

❷ 예약을 하셨습니까?

❸ 네, 했습니다.

❹ 아니오, 하지 않았습니다.

❺ 몇 분이십니까?

❻ 다섯 사람입니다.

❼ 이쪽으로 오십시오.

한국요리 : **masakan Korea**
(마사깐 꼬레아)
식사 : **makanan** (마깐안)

앗! 단어장!

6. 식당과 요리

❶ Selamat datang.
슬라맛 다땅

❷ Sudahkah pesan tempat?
수다까 뻐산 뜸빳

❸ Sudah.
수다

❹ Belum, saya belum pesan.
벌룸 사야 벌룸 뻐산

❺ Berapa orang?
버라빠 오랑

❻ Lima orang.
리마 오랑

❼ Ikuti saya, Pak.
이꾸띠 사야 빡

식당 : **restoran** (레스또란)
일품요리 : **masakan satu jenis saja**
(마사깐 사뚜 즈니스 사자)

앗! 단어장!

❸ 식사의 주문!

❶ 메뉴를 보여 주십시오.

❷ 맛있는 것을 소개해 주세요.

❸ 이 동네의 명물요리는 무엇입니까?

❹ 오늘의 특별요리는 무엇입니까?

❺ 가장 빨리 되는 요리는 무엇입니까?

❻ 일품요리를 원합니다.

❼ 스페셜 요리를 먹겠습니다.

❽ 정식을 주십시오.

❾ 이것을 먹겠습니다.

6. 식당과 요리

❶ **Bolehkah saya melihat menunya dulu?**
볼레까 사야 멀리핫 메누냐 둘루

❷ **Minta diperkenalkan yang enak.**
민따 디뻐르끄날깐 양 에낙

❸ **Apakah masakan khas di daerah ini?**
아빠까 마사깐 하스 디 다에라 이니

❹ **Apakah menu istimewa untuk hari ini?**
아빠까 메누 이스띠메와 운뚝 하리 이니

❺ **Apakah menu yang paling cepat dihidangkan?**
아빠까 메누 양 빨링 쯔빳 디히당깐

❻ **Saya mau masakan satu jenis saja.**
사야 마우 마사깐 사뚜 즈니스 사자

❼ **Minta masakan spesial.**
민따 마사깐 스뻬시알

❽ **Minta menu lengkap.**
민따 메누 릉깝

❾ **Minta ini.**
민따 이니

④ 식사중의 회화!

❶ 맛이 어떻습니까?

❷ 맛있습니다.

❸ 너무 단 맛입니다.

❹ 먹는 법을 가르쳐 주십시오.

❺ 이것을 인도네시아어로 뭐라고 합니까?

❻ 주문한 요리가 아직 안 나왔습니다.

❼ 이것은 제가 주문한 것이 아닙니다.

❽ 이것을 좀 더 주십시오.

❾ 물 좀 주십시오.

6. 식당과 요리

❶ Bagaimana rasanya?
바게이마나 라사냐

❷ Enak sekali.
에낙 스깔리

❸ Terlalu manis.
떠를랄루 마니스

❹ Minta ajari cara makan.
민따 아자리 짜라 마깐

❺ Apakah ini disebutnya dalam bahasa Indonesia?
아빠까 이니 디스붓냐 달람 바하사 인도네시아

❻ Makanan yang dipesan belum disajikan.
마까난 양 디뻐산 벌룸 디사지깐

❼ Ini bukan pesanan saya.
이니 부깐 뻐산안 사야

❽ Minta ini sedikit lagi.
민따 이니 스디낏 라기

❾ Minta air putih.
민따 아이르 뿌띠

빠르게 찾고 쉽게 말하는 여행회화! 여러분의 여행을 보다 즐겁고 편안하게 만들어 드립니다!!

❺ 식사시의 표현!

❶ 디저트 드시겠습니까?

❷ 커피를 주십시오.

❸ 아이스크림을 주십시오.

❹ 홍차를 주십시오.

❺ 우유 홍차입니까, 레몬 홍차입니까?

❻ 과일을 갖다 주십시오.

❼ 커피를 더 주시겠습니까?

앗! 단어장!

고기 : **daging** (다깅)
쇠고기 : **daging sapi** (다깅 사삐)
돼지고기 : **daging babi** (다깅 바비)

6. 식당과 요리

❶ Mau makanan untuk cuci mulut?
마우 마깐안 운뚝 쭈찌 물룻

❷ Saya minta kopi.
사야 민따 꼬삐

❸ Saya mau es krim.
사야 마우 에스 끄림

❹ Saya mau teh.
사야 마우 떼

❺ Ini teh susu atau teh lemon?
이니 떼 수수 아따우 떼 레몬

❻ Minta buah-buahan.
민따 부아-부아한

❼ Boleh saya minta kopi lagi?
볼레 사야 민따 꼬삐 라기

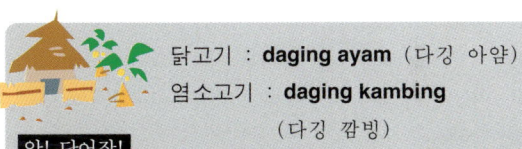

닭고기 : **daging ayam** (다깅 아얌)
염소고기 : **daging kambing**
(다깅 깜빙)

앗! 단어장!

❻ 식사비의 계산!

❶ 계산서를 주십시오.

❷ 10만 루삐아입니다.

❸ 서비스료가 포함되어 있습니까?

❹ 네, 포함되어 있습니다.

❺ 아니오, 포함되지 않았습니다.

❻ 비자카드를 받나요?

❼ 영수증을 주십시오.

앗! 단어장!

수표 : **cek** (쩩)
여행자 수표 : **travel cek** (뜨래블 쩩)
지폐 : **uang kertas** (우앙 꺼르따스)

6. 식당과 요리

❶ Minta bon.
민따 본

❷ 100.000 Rupiah.
스라뚜스 리부 루삐아

❸ Apakah ini sudah termasuk biaya pelayanan?
아빠까 이니 수다 떠르마숙 비아야 쁠라야난

❹ Ya, sudah.
야 수다

❺ Belum termasuk biaya pelayanan.
벌룸 떠르마숙 비아야 쁠라야난

❻ Bolehkah saya membayar dengan kartu VISA?
볼레까 사야 멈바야르 등안 까르뚜 비사

❼ Tolong kwitansinya.
똘롱 끄위딴시냐

동전 : **koin** (꼬인)

환율 : **kurs mata uang**

(꾸르스 마따 우앙)

앗! 단어장!

식사 관련 단어들!

➡ 요리 관련 단어표현

한국어	인도네시아어	발음
식사	**makanan**	마깐안
식당	**restoran**	레스또란
특별요리	**menu istimewa**	메누 이스띠메와
한국요리	**masakan Korea**	마사깐 꼬레아
일품요리	**masakan satu jenis saja**	마사깐 사뚜 즈니스 사자
정식	**masakan lengkap**	마사깐 릉깝
고기	**daging**	다깅
쇠고기	**daging sapi**	다깅 사삐
돼지고기	**daging babi**	다깅 바비
염소고기	**daging kambing**	다깅 깜빙
닭고기	**daging ayam**	다깅 아얌

6. 식당과 요리

칠면조고기   **daging ayam kalkun**
              다깅 아얌 깔꾼

● 해산물 관련 단어표현

생선	**ikan laut**	이깐 라웃
굴	**tiram**	띠람
새우	**udang**	우당
바닷가재	**lobster**	롭스떠르
게	**kepiting**	끄삐띵
문어	**ikan gurita**	이깐 구리따
오징어	**cumi-cumi**	쭈미-쭈미
도미	**ikan kakap**	이깐 까깝
연어	**ikan salem**	이깐 살름
참치	**ikan tuna**	이깐 뚜나

식사 관련 단어들!

● 야채 관련 단어표현

야채	sayur-mayur	사유르-마유르
무	lobak	로박
오이	timun	띠문
당근	wortel	워르뗄
마늘	bawang putih	바왕 뿌띠
양파	bawang bombai	바왕 봄바이
파	bawang daun	바왕 다운
콩나물	taoge	또오게
가지	terung	떠룽
시금치	bayam	바얌
배추	sawi	사위
죽순	rebung	르붕
버섯	jamur	자무르
양배추	kol	꼴
야채절임	asinan	아신안

6. 식당과 요리

● 과일 관련 단어표현

과일	buah-buahan	부아-부아한
수박	semangka	스망까
사과	apel	아쁠
포도	anggur	앙구르
멜론	melon	멜론
망고스틴	manggis	망기스
바나나	pisang	삐상
망고	mangga	망가
토마토	tomat	또맛

● 디저트 관련 단어표현

후식   makanan untuk cuci mulut
                 마깐안 운뚝 쭈찌 물룻
토스트   roti bakar   로띠 바까르

빠르게 찾고 쉽게 말하는 여행회화! 여러분의 여행을 보다 즐겁고 편안하게 만들어 드립니다!!

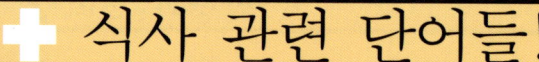

식사 관련 단어들!

버터	**mentega**	먼떼가
치즈	**keju**	께주
케이크	**kue**	꾸에
음료	**minuman**	미눔안
커피	**kopi**	꼬삐
홍차	**teh**	떼
칵테일	**cocktail**	칵떼일
맥주	**bir**	비르
위스키	**wiski**	위스끼
포도주	**minuman anggur**	미눔안 앙구르
소주	**soju**	소주
주문하다	**memesan**	머머산

● 기타 음식 관련 단어표현

간장	**tauco / kecap**	따우쪼 / 께짭
소금	**garam**	가람

6. 식당과 요리

칠리 소스	sambal	삼발
밥	nasih putih	나시 뿌띠
볶음밥	nasih goreng	나시 고렝
국수	mie	미
빵	roti	로띠

● 색상 관련 단어표현

흰	putih	뿌띠
검은	hitam	히땀
밝은	cerah	쯔라
어두운	gelap	글랍
빨간색	warna merah	와르나 메라
노란색	warna kuning	와르나 꾸닝
파란색	warna biru	와르나 비루
녹색	warna hijau	와르나 히자우
보라색	warna ungu	와르나 웅우
갈색	warna coklat	와르나 쪼끌랏

✚ 인도네시아의 과일!

인도네시아에는 기후의 영향으로 열대 과일이 많이 있습니다. 대표적인 것으로는 '과일의 왕'이라는 두리안과 '과일의 여왕'이라 불리우는 망기스, 망가, 마르키사, 아보카도, 람부딴, 시르삭, 파파야, 살랏 등이 있습니다.

'과일의 왕'인 두리안은 열대과일 중에서 제일 비싼 과일로 크기도 크며 껍질에 가시같은 것이 있는 모양이고, 특히 독특한 냄새가 심하여 처음 보는 사람은 잘 먹지 못하지만 나중에 그 맛을 알게되면 다른 과일은 먹지 않을 정도가 된다고 합니다.

'과일의 여왕'인 망기스는 두리안과 같은 특별한 향이 없기때문에 누구나 부담없이 좋아하는 과일인데 한가지 주의할 점은 망기스의 껍질에서 나오는 과즙이 옷에 묻었을 경우에 얼룩이 잘 지워지지 않으므로 먹을 때 옷에 묻지 않도록 유의하여야 합니다.

파파야는 1년 내내 먹을 수 있는 과일로서 음식을 소화시키는 특별한 작용을 하므로 속이 좀 더부룩할 때 한 번 드셔보시길 바랍니다.

7. 쇼핑용 회화!

❶ 쇼핑 요령!

쇼핑은 미리 목록을 작성해서 하는 것이 좋습니다. 산지와 상점가의 위치도 미리 조사해 두도록 합니다. 구매물품에 대한 정보, 그러니까 바틱은 어느 지역, 어느 점포에서 사는 것이 좋고 싸다든지, 어디서 사야 진품을 구할 수 있는 지를 정보자료를 통해 미리 조사하도록 합니다.

빠르게 찾고 쉽게 말하는 여행회화! 여러분의 여행을 보다 즐겁고 편안하게 만들어 드립니다!!

쇼핑 노하우!!!

❷ 주요 쇼핑품목

인도네시아의 주요 쇼핑품목으로는 바틱(Batik)이라는 옷과 나무를 이용한 액세서리, 전통 공예품 등을 들 수 있는데 그 중에서도 인도네시아 직물의 으뜸이라고 할 수 있는 바틱이 관광객 쇼핑품목 1순위입니다. 바틱은 옷감의 무늬를 염색할 때 쓰이는 기법으로서 바틱의 염료는 화학염료가 아닌 풀이나 나무의 뿌리, 껍질, 잎에서 추출한 자연의 색채를 사용하고 디자인은 기하학적인 무늬나 새, 꽃 등을 주로 사용하지만 요즘 공장에서 대량 생산되는 바틱은 화학섬유와 프린트 염색을 많이 사용합니다.
바틱의 생산지로는 족자카르타, 솔로, 마두라 등이 유명한데 특히 족자카르타에는 제작과정을 직접 보여주는 곳이 많이 있습니다. 대부분 가내 수공업의 형태이지만 요즘은 기업화 하여 공장에서 대량 생산되기 때문에 저렴한 가격으로 다양한 상품을 구입할 수 있게 되었습니다.
인도네시아 상점의 영업시간은 대개 09:00~20:00시 입니다.

❸ 주요 쇼핑센터

플라자 인도네시아 : 자카르타 시내 중심부의 그랜드 하이야트 호텔과 같은 건물에 위치한 쇼핑몰로서 세계 유명 브랜드의 매장과 개인 매장, 소규모 상점, 식당과 서점, 카페 등이 자리잡고 있습니다. 소고 백화점도 이곳의 지하 1층에서 2층에 있습니다.

뽄독인다 몰 : 자카르타 최고의 부촌인 뽄독인다 지역에 위치한 쇼핑몰로 슈퍼마켓과 메트로 백화점, 전자제품 상가와 식당외에도 은행과 휘트니스 클럽과 같

7. 쇼핑용 회화

은 다양한 부대시설을 함께 갖추고 있습니다.

메가몰 : 쁠루잇 지역에 위치한 종합몰로서 아이스링크와 볼링장, 극장이 있으며 월마트와 메가클럽같은 쇼핑센터도 있습니다.

블록엠 플라자 : 슈퍼마켓과 개인 상점, 갤러리아 백화점 등이 입점해 있으며 특히 디스코 텍인 M KLAB이 있어서 젊은 이들이 많이 찾는 곳입니다.

플라자 스나얀 : 세계 유명 패션브랜드의 상점이 모여 있는 곳으로서 보는 것만으로도 즐거운 패션몰입니다.

따만 앙그렉 : 가장 최근에 생긴 종합 쇼핑몰로서 마크 앤 스펜서와 제이씨 페니, 리모, 마따하리 같은 백화점이 있으며 각종 부대시설도 완벽하게 갖추고 있습니다.

소고 백화점 : 일본 백화점으로서 자카르타의 플라자 인도네시아와 끌라빠 가딩에 체인점을 가지고 있습니다.

사리나 백화점 : 주로 관광객들을 상대로 하는 기념품 및 토산품을 판매합니다. 백화점 1층의 맥도날드는 자카르타의 만남의 장소로 항상 많은 사람들로 붐빕니다.

사라야, 세이부 백화점 : 블록 엠 지역에 위치하며 인도네시아 백화점인 빠사라야와 일본 백화점인 세이부가 함께 있습니다. 특히 4층의 토산품 코너에서 판매하는 바틱과 목각, 은세공품등은 관광객들에게 인기있는 기념품들입니다.

빠르게 찾고 쉽게 말하는 여행회화! 여러분의 여행을 보다 즐겁고 편안하게 만들어 드립니다!!

① 쇼핑의 시작!

❶ 이 도시의 상점가는 어디입니까?

❷ 이 도시의 특산물은 무엇입니까?

❸ 어디에 좋은 기념품점이 있습니까?

❹ 서점(카메라점)에 가려고 하는데요.

❺ 화장품점은 어디입니까?

❻ 면세점이 있습니까?

❼ 약도를 그려 주십시오.

7. 쇼핑용 회화

❶ Di manakah kompleks perbelanjaan di kota ini?
디 마나까 꼼쁠렉스 뻐르블란자안 디 꼬따 이니

❷ Apa barang khas di kota ini?
아빠 바랑 하스 디 꼬따 이니

❸ Di mana ada toko oleh-oleh yang bagus?
디 마나 아다 또꼬 올레-올레 양 바구스

❹ Di mana toko buku(toko kamera)?
디 마나 또꼬 부꾸(또꼬 까메라)

❺ Di mana saya dapat membeli barang kosmetik?
디 마나 사야 다빳 멈블리 바랑 꼬스메틱

❻ Adakah toko duty free?
아다까 또꼬 듀티 프리

❼ Tolong buatkan peta sketsa.
똘롱 부앗깐 뻬따 스껫사

❷ 쇼핑하는 법!

❶ 무엇을 찾으십니까?

❷ 그저 보는 것 뿐입니다.

❸ 아이들에게 줄 선물을 사고 싶은데요.

❹ 인도네시아 옷을 보여 주십시오.

❺ 기념품은 어디서 살 수 있습니까?

❻ 3층에서 살 수 있습니다.

❼ 그 물건은 다 떨어졌습니다.

7. 쇼핑용 회화

❶ Bisa dibantu?
비사 디반뚜

❷ Mau melihat-lihat saja.
마우 멀리핫-리핫 사자

❸ Saya mau membeli oleh-oleh untuk anak-anak saya.
사야 마우 멈블리 올레-올레 운뚝 아낙-아낙 사야

❹ Bolehkah saya melihat pakaian tradisional Indonesia?
볼레까 사야 멀리핫 빠께이안 뜨라디시오날 인도네시아

❺ Di mana saya dapat membeli oleh-oleh?
디 마나 사야 다빳 멈블리 올레-올레

❻ Di lantai 3.
디 란떼이 띠가

❼ Barang itu habis terjual.
바랑 이뚜 하비스 떠르주알

❸ 물건 고를 때! 1.

❶ 이것(저것) 주세요.

❷ 윈도우에 있는 것을 보여 주세요.

❸ 이것과 같은 것이 있습니까?

❹ 입어봐도 됩니까?

❺ 신어봐도 됩니까?

❻ 입어보는 곳은 어디입니까?

❼ 잘 맞습니다.

❽ 너무 큽니다 (작습니다).

❾ 다른 색상은 없습니까?

7. 쇼핑용 회화

❶ Saya mau beli yang ini (itu).
사야 마우 블리 양 이니 (이뚜)

❷ Minta diperlihatkan yang digantung pada jendela.
민따 디뻬를리핫깐 양 디간뚱 빠다 즌델라

❸ Adakah yang sama dengan ini?
아다까 양 사마 등안 이니

❹ Bolehkah saya mencoba memakai ini?
볼레까 사야 먼쪼바 머마께이 이니

❺ Bolehkah saya mencoba pakai ini?
볼레까 사야 먼쪼바 빠까이 이니

❻ Di manakah kamar pas?
디 마나까 까마르 빠스

❼ Pas.
빠스

❽ Terlalu besar (kecil).
떠를랄루 버사르 (끄찔)

❾ Adakah warna yang lain?
아다까 와르나 양 라인

빠르게 찾고 쉽게 말하는 여행회화! 여러분의 여행을 보다 즐겁고 편안하게 만들어 드립니다!!

④ 물건 고를 때! 2.

❿ 다른 것을 보여 주십시오.

⓫ 좀 더 싼 것은 없습니까?

⓬ 좀 더 좋은 것은 없습니까?

⓭ 다른 디자인의 것도 보여주세요.

⓮ 이것은 최신형입니다.

⓯ 어떤 것이 신형입니까?

⓰ 이것으로 교환하고 싶습니다.

앗! 단어장!

싼 : **murah** (무라)
비싼 : **mahal** (마할)
싼 것 : **yang murah** (양 무라)

7. 쇼핑용 회화

❿ Adakah yang lain?
아다까 양 라인

⓫ Adakah yang lebih murah?
아다까 양 르비 무라

⓬ Adakah yang lebih bagus?
아다까 양 르비 바구스

⓭ Adakah desain yang lain?
아다까 디사인 양 라인

⓮ Ini yang terbaru.
이니 양 떠르바루

⓯ Yang mana lebih baru?
양 마나 르비 바루

⓰ Saya mau menukarnya dengan ini.
사야 마우 머누까르냐 등안 이니

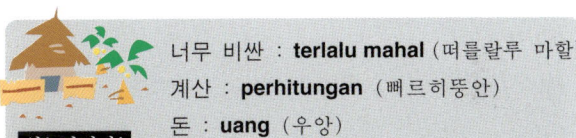

너무 비싼 : **terlalu mahal** (떠를라루 마할)
계산 : **perhitungan** (뻐르히뚱안)
돈 : **uang** (우앙)

❺ 가격의 흥정!

❶ 전부해서 얼마입니까?

❷ 싸게 할 수 없습니까?

❸ 조금 깎아 주십시오.

❹ 제게는 너무 비쌉니다.

❺ 10% 깎아 드리겠습니다.

❻ 이것을 사겠습니다.

❼ 이것은 고장나 있습니다.

❽ 다른 것과 바꾸어 줄 수 없습니까?

❾ 이것은 어디서 수리를 해줍니까?

7. 쇼핑용 회화

❶ Berapa harga semuanya?
버라빠 하르가 스무아냐

❷ Bolehkah diskon?
볼레까 디스꼰

❸ Minta diskon.
민따 디스꼰

❹ Terlalu mahal bagi saya.
떠를랄루 마할 바기 사야

❺ Saya beri potongan 10 persen.
사야 브리 뽀똥안 스뿔루 뻐르센

❻ Saya mau membeli yang ini.
사야 마우 멈블리 양 이니

❼ Ini sudah rusak.
이니 수다 루삭

❽ Bolehkah menukarnya dengan yang lain?
볼레까 머누까르냐 등안 양 라인

❾ Di mana dapat diperbaiki?
디 마나 다빳 디뻐르바이끼

⑥ 포장과 배달!

❶ 배달 해줍니까?

❷ 한국으로 보내주실 수 있습니까?

❸ 선물용으로 포장해 주십시오.

❹ 쇼핑백에 넣어주시겠어요?

❺ 계산이 틀린 것 같은데요.

❻ 잔돈이 틀립니다.

❼ 크레딧 카드를 쓸 수 있습니까?

❽ 여행자 수표로 지불해도 됩니까?

❾ 영수증을 주십시오.

7. 쇼핑용 회화

❶ Bisa diantar?
비사 디안따르

❷ Bisa diantar ke Korea Selatan?
비사 디안따르 꺼 꼬레아 슬라딴

❸ Tolong bungkuskan untuk hadiah.
똘롱 붕꾸스깐 운뚝 하디아

❹ Tolong masukkan ke tas belanja.
똘롱 마숙깐 꺼 따스 블란자

❺ Saya kira hitungannya salah.
사야 끼라 히뚱안냐 살라

❻ Salah uang kembalian.
살라 우앙 끔발리안

❼ Bolehkah saya membayar dengan kartu kredit?
볼레까 사야 멈바야르 등안 까르뚜 끄레딧

❽ Bolehkah saya membayar dengan travel cek?
볼레까 사야 멈바야르 등안 뜨래블 쩩

❾ Tolong kwitansinya.
똘롱 끄위딴시냐

쇼핑 관련 단어들!

● 쇼핑 관련 단어표현

한국어	인도네시아어	발음
정가	harga pas	하르가 빠스
얼마	berapa	버라빠
싼	murah	무라
비싼	mahal	마할
싼 것	yang murah	양 무라
너무 비싼	terlalu mahal	떠를랄루 마할
영수증	kwitansi	끄위딴시
약, ...정도	kira-kira	끼라-끼라
계산	perhitungan	뻐르히뚱안
값	harga	하르가
돈	uang	우앙
인형	boneka	보네까
우산	payung	빠융
부채	kipas	끼빠스
핸드백	tas tangan	따스 땅안
지갑	dompet	돔뻿
목기	barang dari kayu	바랑 다리 까유
장난감	mainan	마인안
액세서리	perhiasan	뻐르히아산
화장품	kosmetik	꼬스메틱
향수	parfum	빠르품

8. 우편, 전화, 은행!

❶ 우체국!

대부분 호텔 프런트에서 우편업무를 대행해 주는데 사정이 여의치 않을 때에는 직접 우체국을 이용하도록 합니다. 자카르타 시내에서 제일 큰 우체국은 중부 자카르타에 있는 잘란 2번 우체국 Jalan Pos No.2이며 좀 작은 우체국들은 교외에서도 쉽게 볼 수 있습니다. 또, 대형 쇼핑센터나 시장 앞에 이동식 우체국들도 있으므로 기억해 두셨다가 이용하시길 바랍니다. 국제 우편 요금은 엽서 600루피아, 편지는 기본 용량 10g까지 1000루피아이며 보통 10일 안에 한국에 도착합니다. 우체국의 영업시간은 월~목요일 08:00~16:00이며 금 토요일은 08:00~13:00입니다.

우편|국제전화|은행

편지나 소포를 보낼 때 주의할 점은 받는 사람의 주소는 한글로 써도 되지만 국가명만은 우측 제일 하단에 **SOUTH KOREA**라고 반드시 써주어야 합니다.

 ❷ 국제전화!

인도네시아에서는 전화회선이 많지 않으므로 한국에서 인도네시아로 거는 전화비보다 인도네시아에서 한국으로 전화를 거는 것이 약 2배 정도 비쌉니다. 따라서 수신자 부담으로 국제 전화를 거는 것이 훨씬 경제적입니다.

ⓐ 공중전화로 통화하는 방법 :

카드식과 동전식 두가지가 있으나 실제로 거의 대부분이 카드식 공중전화이며 전화카드는 근처 상점에서 구입할 수 있는데 가격은 100 **Unit**에 40,000루피아입니다. 공중전화로 국제전화를 걸 경우는 카드를 먼저 넣은 후 (서울 929-2882로 전화를 건다고 할 때) 00-82-2-929-2882를 누르면 됩니다. 이 때 00은 국제식별코드(**international access code**)이며, 82는 한국의 코드번호(**country code**), 2는 서울의 지역번호, 그리고 전화번호 929-2882가 됩니다. 외국에서 한국으로 전화할 때는 지역번호 앞의 0은 빼고 전화합니다.

ⓑ 통신사별 국제전화카드를 사용해서 전화하는 방법 :

다음의 통신사별 교환, 카드접속번호를 누른 후 안내방송에 따라서 전화를 걸면 됩니다.

8. 우편, 전화, 은행!

```
한국통신   080-0080-0082
데이콤     0800-080-0820
온세통신   0800-33-70700
```

✚ 국제전화 후불카드

여행을 떠나기 전에 각 통신사에서 제공하는 국제전화 후불카드를 만들면 현지에서 현금없이도 한국으로 전화를 걸 수 있습니다. 국제전화 후불카드란 본인이 지정하는 전화번호로 카드를 발급받아서 외국에서 사용한 후에 요금은 지정한 전화번호 청구서로 부과되는 제도로서 요금이 저렴하고 한국어 안내방송에 따라서 걸면 되므로 편리하다는 장점이 있습니다. 통신사별 국제전화후불카드 신청번호는 다음과 같습니다.

```
한국통신   080-2580-161
데이콤     082-100
온세통신   083-100
```

❸ 은행의 이용!

여행객은 주로 환전이나 송금을 받기 위해 은행을 이용하게 됩니다. 은행의 이용 시간은 월~금요일 08:00~15:00, 토요일은 08:00~13:00까지이지만 은행마다 환전 업무 관련 시간에 제한을 두므로 미리 확인하도록 합니다. 환율은 은행마다, 그리고 같은 은행이라 할지라도 지점마다 적용환율이 조금씩 다르므로 유의하도록 합니다. (대부분의 동남아 국가에서는 은행보다 사설 환전소의 환율이 더 높음)

① 우편물 보내기!

❶ 우체국은 어디입니까?

❷ 이 근처에 우체통이 있습니까?

❸ 이 편지를 한국에 보내고 싶습니다.

❹ 우편 엽서 한 장 주세요.

❺ 선편입니까, 항공편입니까?

❻ 항공편으로 부탁합니다.

❼ 항공편으로 보내면 얼마입니까?

❽ 얼마치의 우표를 붙여야할까요?

❾ 우표 3000 루삐아 어치 주십시오.

8. 우편, 전화, 은행!

❶ Di mana kantor pos?
디 마나 깐또르 뽀스

❷ Di mana kotak pos di sekitar ini?
디 마나 꼬딱 뽀스 디 스끼따르 이니

❸ Saya mau mengirimkan surat ini ke Korea Selatan.
사야 마우 멍이림깐 수랏 이니 꺼 꼬레아 슬라딴

❹ Saya memerlukan satu helai kartu pos.
사야 머머를루깐 사뚜 흘라이 까르뚜 뽀스

❺ Mau mengirim dengan apa, melalui pos laut atau pos udara?
마우 멍이림 등안 아빠 멀랄루이 뽀스 라웃 아따우 뽀스 우다라

❻ Tolong kirimkan melalui pos udara.
똘롱 끼림깐 멀랄루이 뽀스 우다라

❼ Berapa harganya melalui pos udara?
버라빠 하르가냐 멀랄루이 뽀스 우다라

❽ Berapa harga perangkonya?
버라빠 하르가 쁘랑꼬냐

❾ Berikan saya perangko seharga 3.000 Rupiah.
버리깐 사야 쁘랑꼬 스하르가 띠가 리부 루삐아

❷ 소포 보내기!

❶ 한국에 도착하는데는 몇 일이 걸립니까?

❷ 소포용 상자가 있습니까?

❸ 소포를 보험에 들어주십시오.

❹ 이 편지를 등기로 부쳐주십시오.

❺ 이 양식을 기재해 주십시오.

❻ 무엇이 들어있습니까?

❼ 인쇄물입니다.

❽ 전보를 쳐주십시오.

❾ 전보 요금은 얼마입니까?

8. 우편, 전화, 은행!

❶ Berapa lama sampai di Korea Selatan?
버라빠 라마 삼빠이 디 꼬레아 슬라딴

❷ Adakah kotak untuk paket pos?
아다까 꼬딱 운뚝 빠껫 뽀스

❸ Minta asuransikan paket pos ini.
민따 아수란시깐 빠껫 뽀스 이니

❹ Saya mau mengirim surat ini dengan pos tercatat.
사야 마우 멍이림 수랏 이니 등안 뽀스 떠르짜땃

❺ Mohon diisi formulir ini.
모혼 디이시 포르물리르 이니

❻ Apa isinya?
아빠 이시냐

❼ Barang cetakan.
바랑 쩨따깐

❽ Saya mau mengirim telegram.
사야 마우 멍이림 뗄레그람

❾ Berapa biayanya per kata?
버라빠 비아야냐 뻐르 까따

❸ 전화 기본표현!

❶ 여보세요, 조꼬씨 댁입니까?

❷ 조꼬씨를 부탁합니다.

❸ 네, 그렇습니다. 누구십니까?

❹ 김입니다.

❺ 내선 351번 부탁합니다.

❻ 잠시 기다려 주십시오.

❼ 미안합니다만, 외출중입니다.

❽ 언제 돌아오십니까?

❾ 8시 쯤 돌아올 겁니다.

8. 우편, 전화, 은행!

❶ Halo, ini rumah Bapak Joko?
할로 이니 루마 바빡 조꼬

❷ Bisa bicara dengan Bapak Joko?
비사 비짜라 등안 바빡 조꼬

❸ Ya. Ini dari mana?
야 이니 다리 마나

❹ Ini Kim.
이니 김

❺ Minta disambungkan dengan nomor 351.
민따 디삼붕깐 등안 노모르 띠가 리마 사뚜

❻ Tunggu sebentar.
뚱구 스번따르

❼ Maaf, beliau tidak ada di tempat sekarang.
마아프 블리아우 띠닥 아다 디 뜸빳 스까랑

❽ Jam berapa kembali?
잠 버라빠 끔발리

❾ Sekitar jam 8.
스끼따르 잠 들라빤

④ 전화 대화표현!

❶ 전화방은 어디에 있습니까?

❷ 전화카드는 어디에서 살 수 있습니까?

❸ 이 전화로 국제전화를 걸 수 있습니까?

❹ 이곳에 전화하고 싶은데요.

❺ 이 전화 사용법을 가르쳐 주십시오.

❻ 한국어를 할 수 있는 사람을 부탁합니다.

❼ 긴급입니다.

8. 우편, 전화, 은행!

❶ Di mana wartel?
디 마나 와르뗄

❷ Di mana kartu telepon dijual?
디 마나 까르뚜 뗄레뽄 디주알

❸ Telepon ini digunakan untuk telepon internasional?
뗄레뽄 이니 디구나깐 운뚝 뗄레뽄 인떠르나시오날

❹ Saya mau menelepon ke tempat ini.
사야 마우 머넬레뽄 꺼 뜸빳 이니

❺ Tolong beritahukan cara menggunakan telepon ini.
똘롱 브리따후깐 짜라 멍구나깐 뗄레뽄 이니

❻ Minta dipanggilkan orang yang dapat berbahasa Korea.
민따 디빵길깐 오랑 양 다빳 버르바하사 꼬레아

❼ Ini darurat.
이니 다루랏

❺ 국제전화 걸기!

❶ 여보세요?

❷ 서울로 직접 전화할 수 있습니까?

❸ 한국으로 국제통화를 하고 싶습니다.

❹ 요금은 상대방 지불로 해주십시오.

❺ 요금은 여기서 지불하겠습니다.

❻ 몇 번에 거시겠습니까?

❼ 822-929-2882번입니다.

❽ 어느 분과 통화하시겠습니까?

❾ 박세영씨와 통화하고 싶습니다.

8. 우편, 전화, 은행!

❶ Halo?
할로

❷ Dapatkah saya menelepon ke Seoul secara langsung?
다빳까 사야 머넬레뽄 꺼 서울 스짜라 랑숭

❸ Saya mau menelepon ke Korea Selatan.
사야 마우 머넬레뽄 꺼 꼬레아 슬라딴

❹ Minta collect call.
민따 콜렉트 콜

❺ Saya bayar ongkosnya.
사야 바야르 옹꼬스냐

❻ Mau menelepon dengan nomor berapa?
마우 머넬레뽄 등안 노모르 버라빠

❼ Nomor 822-929-2882.
노모르 들라빤두아두아-슴빌란두아슴빌란-두아들라빤들라빤두아

❽ Mau berbicara dengan siapa?
마우 버르비짜라 등안 시아빠

❾ Saya mau berbicara dengan Pak Se-young.
사야 마우 버르비짜라 등안 박세영

빠르게 찾고 쉽게 말하는 여행회화! 여러분의 여행을 보다 즐겁고 편안하게 만들어 드립니다!!

❻ 메시지 남기기!

❶ 전할 말씀이 있습니까?

❷ 나중에 전화하겠다고 전해 주십시오.

❸ 나에게 전화해 달라고 전해주세요.

❹ 제 번호는 583-3254입니다.

❺ 좀 더 천천히 말해 주십시오.

❻ 아뇨, 잘못 걸었습니다.

❼ 전화 주셔서 고맙습니다.

앗! 단어장!

수신인부담통화 : **collect call** (콜렉트 콜)

전화번호 : **nomor telepon**
      (노모르 뗄레뽄)

8. 우편, 전화, 은행!

❶ Apakah ada pesan?
아빠까 아다 뻐산

❷ Katakan saya akan menelepon kembali.
까따깐 사야 아깐 머넬레뽄 끔발리

❸ Katakan padanya tolong hubungi saya.
까따깐 빠다냐 똘롱 후붕이 사야

❹ Nomor telepon saya, 583-3254.
노모르 뗄레뽄 사야 리마 들라빤 띠가 띠가 두아 리마 음빳

❺ Tolong diucapankan pelan-pelan.
똘롱 디우짭깐 뻘란-뻘란

❻ Maaf, salah sambung.
마아프 살라 삼붕

❼ Terima kasih atas telepon Anda.
뜨리마 까시 아따스 뗄레뽄 안다

시내전화 : **telepon lokal** (뗄레뽄 로깔)
장거리전화 : **telepon interlokal**
(뗄레뽄 인떠르로깔)

앗! 단어장!

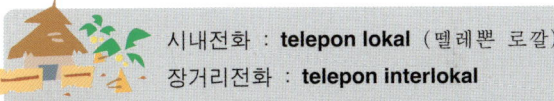

우편|전화 관련 단어!

➡ 우편 관련 단어표현

우편	**pos**	뽀스
우체국	**kantor pos**	깐또르 뽀스
그림엽서	**kartu pos bergambar**	
	까르뚜 뽀스 버르감바르	
우편엽서	**kartu pos**	까르뚜 뽀스
우표	**perangko**	쁘랑꼬
기념우표	**perangko peringatan**	
	쁘랑꼬 뻐르잉아딴	
편지지	**kertas surat**	꺼르따스 수랏
봉투	**amplop**	암쁠롭
인쇄물	**cetakan**	쩨따깐
속달	**pengiriman kilat**	
	뻥이리만 낄랏	
편지	**surat**	수랏
항공편	**pos udara**	뽀스 우다라
선편	**pos laut**	뽀스 라웃
등기우편	**pos tercatat**	뽀스 떠르짜땃
소포	**paket**	빠껫
발신인	**pengirim**	뻥이림
수신인	**penerima**	뻐너리마
취급주의	**barang pecah belah**	
	바랑 뻐짜 블라	
항공 봉함엽서	**kartu pos udara**	
	까르뚜 뽀스 우다라	
우체통	**kotak pos**	꼬딱 뽀스

8. 우편, 전화, 은행!

| 주소 | **alamat** | 알라맛 |
| 우편번호 | **kode pos** | 꼬드 뽀스 |

➡ 전화 관련 단어표현

전화	**telepon**	뗄레뽄
전화번호부	**buku telepon**	부꾸 뗄레뽄
전화박스	**kamar telepon**	까마르 뗄레뽄
공중전화	**telepon umum**	뗄레뽄 우뭄
구내전화	**saluran telepon**	살루란 뗄레뽄
교환원	**operator telepon**	오뻬라또르 뗄레뽄
수신인부담통화	**collect call**	콜렉트 콜
전화번호	**nomor telepon**	노모르 뗄레뽄
시내전화	**telepon lokal**	뗄레뽄 로깔
장거리전화	**telepon interlokal**	뗄레뽄 인떠르로깔
국제전화	**telepon internasional**	뗄레뽄 인떠르나시오날
지역번호	**kode daerah**	꼬드 다에라
국가번호	**kode negara**	꼬드 느가라
외출	**keluar**	끌루아르
출장	**perjalanan dinas**	뻐르잘란안 디나스
부재	**ketidakhadiran**	끄띠닥하디란
회의	**rapat**	라빳
통화중	**sedang bertelepon**	스당 버르뗄레뽄

7 은행의 이용!

❶ 환전소는 어디에 있습니까?

❷ 환전은 어느 창구에서 합니까?

❸ 2번 창구입니다.

❹ 오늘의 환율시세는 얼마입니까?

❺ 여행자 수표를 현금으로 바꾸어 주십시오.

❻ 여권 좀 보여주시겠습니까?

❼ 이 수표를 현금으로 바꾸어 주십시오.

앗! 단어장!

은행 : **bank** (방)
수표 : **cek** (쩩)
여행자 수표 : **travel cek** (뜨래블 쩩)

8. 우편, 전화, 은행!

❶ Di mana tempat penukaran uang?
디 마나 뜸빳 뻐누까란 우앙

❷ Di loket mana saya dapat menukar uang?
디 로껫 마나 사야 다빳 머누까르 우앙

❸ Di loket nomor 2.
디 로껫 노모르 두아

❹ Kursnya berapa hari ini?
꾸르스냐 버라빠 하리 이니

❺ Minta tukar travel cek dengan tunai.
민따 뚜까르 뜨래블 쩩 등안 뚜나이

❻ Bolehkah saya melihat paspor Bapak?
볼레까 사야 멀리핫 빠스뽀르 바빡

❼ Mohon ditukarkan cek ini dengan tunai.
모혼 디뚜까르깐 쩩 이니 등안 뚜나이

외국환 : **valuta asing** (발루따 아싱)
환율 : **kurs mata uang**
　　　 (꾸르스 마따 우앙)

앗! 단어장!

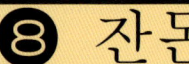
❽ 잔돈 바꾸기!

❶ 달러로 바꿔주십시오.

❷ 이 지폐를 좀 바꾸어 주시겠습니까?

❸ 이것을 잔돈으로 바꿔 주십시오.

❹ 어떻게 바꾸어 드릴까요?

❺ 천 루삐아권으로 바꿔주십시오.

❻ 잔돈도 섞어서 주십시오.

❼ 수수료가 필요합니다.

❽ 저쪽에서 기다려 주십시오.

❾ 은행은 몇시에 문을 엽니까?

8. 우편, 전화, 은행!

❶ Minta ditukar dengan dolar AS.
민따 디뚜까르 등안 돌라르 아메리까 스리깟

❷ Minta tukar dengan uang kertas ini.
민따 뚜까르 등안 우앙 꺼르따스 이니

❸ Minta ditukar uang ini dengan uang kecil.
민따 디뚜까르 우앙 이니 등안 우앙 끄찔

❹ Mau uang yang bagaimana?
마우 우앙 양 바게이마나

❺ Beri saya Rupiah dalam ribuan.
브리 사야 루삐아 달람 리부안

❻ Minta dicampur dengan uang kecil.
민따 디짬뿌르 등안 우앙 끄찔

❼ Minta komisi.
민따 꼬미시

❽ Tolong tunggu di sana.
똘롱 뚱구 디 사나

❾ Kapan bank dibuka?
까빤 방 디부까

빠르게 찾고 쉽게 말하는 여행회화! 여러분의 여행을 보다 즐겁고 편안하게 만들어 드립니다!!

은행 관련 단어들!

● 은행 관련 단어표현

한국어	인도네시아어	발음
은행	bank	방
수표	cek	쩩
여행자 수표	travel cek	뜨래블 쩩
외국환	valuta asing	발루따 아싱
환율	kurs mata uang	꾸르스 마따 우앙
동전	koin	꼬인
지폐	uang kertas	우앙 꺼르따스
용지	formulir kosong	포르물리르 꼬송
기입하다	mencatat	먼짜땃
대체	pengganti	뻥간띠
본점	bank senter	방 센떠르
지점	bank cabang	방 짜방

9. 교통수단!

인도네시아는 동남아 국가들 중에서 손꼽힐 정도로 교통수단이 최악의 상황입니다. 버스의 경우 노선이 매우 복잡하고 냉방 시설이 되어 있지 않아서 관광객이 타기에 무척 힘드므로 조금 비싸더라도 택시를 이용하는 편이 좋습니다.

❶ 항공기의 이용!

자바, 수마트라, 발리 등의 주요한 섬에서부터 칼리만탄, 술라웨시, 이리안자야 등 섬과 섬 사이를 연결하는 항공망이 발달해 있으며 요금도 저렴한 편입니다. 주요 국내선 항공 회사로는 가루다 인도네시아 항공과 만다라 항공이 있습니다.

빠르게 찾고 쉽게 말하는 여행회화! 여러분의 여행을 보다 즐겁고 편안하게 만들어 드립니다!!

교통수단의 이용!

❷ 기차의 이용!

인도네시아에서 기차의 이용은 시설이 좋은 것도 아니고 시간도 오래 걸리며 또 자바나 수마트라에서만 탈 수 있기때문에 그다지 편리한 교통수단은 아닙니다. 기차 여행시 예약하는 것을 잊지 않도록 하며 기차표는 숙소 주변의 여행사를 통해 구입하면 됩니다.

❸ 배의 이용!

국가에서 운영하는 펠니(인도네시아 해운국)에서 크고 작은 섬들을 페리로 연결하는데 자바~발리 섬, 자바~수마트라, 싱가포르~파당 등이 주요 항로입니다. 운항이 불규칙적이고 시간이 오래 걸리는 단점이 있습니다.

❹ 버스의 이용!

● **버스** : 인도네시아의 대중 교통수단으로서 정류장과 그외의 어느 곳에서나 손님이 있으면 정차하며 차안에는 운전사 외에 버스요금을 받는 조수가 따로 있습니다. 시내요금은 구간에 상관없이 요금이 동일합니다.

● **미니 버스** : 짧은 노선을 운행하는 버스로 주로 동네의 골목골목을 운행하며, 붉은색의 봉고차는 Metro Mini, 하늘색의 5-6인승 차는 Mikrolet이라 불립니다.

❺ 택시의 이용!

택시는 우리나라처럼 일반 택시와 중형 택시의 두 종류가 있으며 요금은 미터계에 의한 거리 시간병산제로서 기본 호출

9. 교통수단

요금은 10,000루피아입니다. 원하는 시간과 목적지로 전화를 통해 택시를 부르면 되는데 요즘은 블루버드나 블루버드 계열의 택시가 서비스도 좋고 안전합니다.

❻ 그밖의 교통수단!

- **바자이 (Bajai) :** 동남 아시아 국가들에서 볼 수 있는 교통수단으로서 손님을 2명 태울 수 있는 삼륜차입니다. 주로 버스 노선이 없는 동네의 단거리 운행에 사용되며 요금은 버스 요금과 택시 요금의 중간으로 운전사와 흥정해서 결정합니다.

- **오토바이 택시, 오젝 (Ojek) :** 택시처럼 오토바이 뒷좌석에 손님을 태우고 목적지까지 데려다 주는 것으로서 교통혼잡이 심할 때나 버스가 운행되지 않는 노선을 이동할 때 이용하면 편리합니다. 빨리 이동이 가능하지만 안전사고의 위험이 있으므로 주의하여야 하며 이용시에는 운전사가 주는 헬맷을 꼭 착용하여야합니다.

➕ 인도네시아에서의 차량운행

인도네시아는 우리나라와는 반대로 운전석이 오른쪽에 있기 때문에 국내에서 운전을 잘 하던 사람도 현지에서는 운전하기가 상당히 어려우므로 가급적이면 차를 렌트해서 직접 운전하는 것은 피하는 것이 좋습니다. 또 부득이하게 운전하게 되는 경우라 하더라도 교통질서가 잘 안지켜지므로 주의를 하여야합니다.

빠르게 찾고 쉽게 말하는 여행회화! 여러분의 여행을 보다 즐겁고 편안하게 만들어 드립니다!!

① 철도의 이용! 1.

❶ 철도역은 어디입니까?

❷ 매표소는 어디 있습니까?

❸ 반둥까지 편도로 주십시오.

❹ 이등표 두 장 주십시오.

❺ 급행열차가 있습니까?

❻ ~행 기차는 어느 역에서 떠납니까?

❼ 내일 아침 자카르타행 표 있습니까?

❽ 다음 열차는 몇 시입니까?

❾ 어른 한 장, 어린이 한 장이요.

9. 교통수단

❶ Di mana stasiun kereta api?
디 마나 스따시운 끄레따 아삐

❷ Di mana loket karcis kereta api?
디 마나 로껫 까르찌스 끄레따 아삐

❸ Minta karcis ke Bandung untuk sekali jalan.
민따 까르찌스 꺼 반둥 운뚝 스깔리 잘란

❹ Minta dua karcis kelas dua.
민따 두아 까르찌스 끌라스 두아

❺ Adakah karcis ekspres?
아다까 까르찌스 엑스쁘레스

❻ Dari stasiun mana kereta api ke akan berangkat?
다리 스따시운 마나 끄레따 아삐 꺼 아깐 버랑깟

❼ Adakah karcis ke Jakarta besok pagi?
아다까 까르찌스 꺼 자카르따 베속 빠기

❽ Kapan kereta berikutnya akan berangkat?
까빤 끄레따 버리꿋냐 아깐 버랑깟

❾ Satu karcis untuk dewasa dan satu karcis untuk anak.
사뚜 까르찌스 운뚝 데와사 단 사뚜 까르찌스 운뚝 아낙

❷ 철도의 이용! 2.

❿ 왕복으로 부탁합니다.

⓫ 네, 잠깐만 기다리십시오.

⓬ 몇 번 플랫포옴에서 떠납니까?

⓭ 2번 선입니다.

⓮ 똑바로 가면 왼쪽에 있습니다.

⓯ 이것이 수라바야행 열차입니까?

⓰ 아닙니다. 저 열차입니다.

⓱ 갈아타야 합니까?

⓲ 어디서 갈아탑니까?

9. 교통수단

❿ Minta karcis pulang-pergi.
민따 까르찌스 뿔랑-뻐르기

⓫ Ya, tunggu sebentar.
야 뚱구 스번따르

⓬ Di peron nomor berapa kereta ini akan berangkat?
디 뻬론 노모르 버라빠 끄레따 이니 아깐 버랑깟

⓭ Jalur kedua.
잘루르 끄두아

⓮ Seandainya terus pergi, anda dapat menemukannya di sebelah kiri.
스안다이냐 뜨루스 뻐르기 안다 다빳 머느무깐냐 디 스블라 끼리

⓯ Apakah kereta api ini ke Surabaya?
아빠까 끄레따 아뻬 이니 꺼 수라바야

⓰ Bukan. Kereta api yang itu.
부깐 끄레따 아뻬 양 이뚜

⓱ Apakah perlu pindah kereta?
아빠까 뻐를루 삔다 끄레따

⓲ Di mana pindahnya?
디 마나 삔다냐

❸ 열차 안에서!

❶ 수라바야까지 몇 시간 걸립니까?

❷ 이 자리 비었습니까?

❸ 이 열차 ~에서 정차합니까?

❹ 얼마간 정차합니까?

❺ 다음 역은 어디입니까?

❻ 지금 어디를 지나고 있습니까?

❼ 정거장을 지나치고 말았습니다.

앗! 단어장!

열차 : **kereta api** (끄레따 아뻬)

철도 : **jalan kereta api**

(잘란 끄레따 아뻬)

9. 교통수단

❶ Berapa jam sampai di Surabaya?
버라빠 잠 삼빠이 디 수라바야

❷ Apakah tempat duduk ini kosong?
아빠까 뜸빳 두둑 이니 꼬송

❸ Apakah kereta ini berhenti di ∼?
아빠까 끄레따 이니 버르흔띠 디

❹ Berapa lamanya waktu berhenti?
버라빠 라마냐 왁뚜 버르흔띠

❺ Stasiun berikutnya stasiun apa?
스따시운 버리꿋냐 스따시운 아빠

❻ Di mana kita sekarang sedang lewat?
디 마나 끼따 스까랑 스당 레왓

❼ Sedang melewati stasiun.
스당 멀레와띠 스따시운

역 : **stasiun** (스따시운)
차표 : **karcis kereta api**
　　　(까르찌스 끄레따 아삐)

앗! 단어장!

④ 버스의 이용! 1.

❶ 버스 정류장은 어디입니까?

❷ 스나얀 플라자 가는 버스는 몇 번입니까?

❸ ~가는 버스는 어디에서 탑니까?

❹ 이 버스는 마디운까지 갑니까?

❺ 다음 버스는 몇 시입니까?

❻ 버스는 얼마나 자주 옵니까?

❼ 이 버스는 몇 시에 출발합니까?

❽ 어디서 갈아탑니까?

❾ 무슨 정류장입니까?

9. 교통수단

❶ Di mana terdapat halte bus?
디 마나 떠르다빳 할뜨 버스

❷ Bus nomor berapa ke Plaza Senayan?
버스 노모르 버라빠 꺼 플라자 스나얀

❸ Di mana bus jurusan ke ~?
디 마나 버스 주루산 꺼

❹ Bus ini menuju Madiun.
버스 이니 머누주 마디운

❺ Pukul berapa bus berikutnya akan berangkat?
뿌꿀 버라빠 버스 버리꿋냐 아깐 버랑깟

❻ Selang berapa menit busnya berangkat?
슬랑 버라빠 머닛 버스냐 버랑깟

❼ Kapan berangkat bus ini?
까빤 버랑깟 버스 이니

❽ Di manakah saya harus ganti bus?
디 마나까 사야 하루스 간띠 버스

❾ Halte apa?
할뜨 아빠

⑤ 버스의 이용! 2.

❿ 다음 정거장에서 내립니다.

⓫ 여기서 내려 주십시오.

⓬ 모나스까지 얼마입니까?

⓭ 모나스에서 내려 주십시오.

⓮ 여기가 제가 내려야 할 곳인가요?

⓯ 여기에서 버스를 갈아타 주십시오.

⓰ 저기서 기다리십시오.

앗! 단어장!

버스 : **bus** (버스)
정류장 : **halte** (할뜨)
주차장 : **tempat parkir** (뜸빳 빠르끼르)

9. 교통수단

❿ Saya mau turun di halte berikutnya.
사야 마우 뚜룬 디 할뜨 버리꿋냐

⓫ Saya mau turun di sini.
사야 마우 뚜룬 디 시니

⓬ Berapa ongkosnya sampai di Monas?
버라빠 옹꼬스냐 삼빠이 디 모나스

⓭ Minta hentikan saya di Monas.
민따 헌띠깐 사야 디 모나스

⓮ Saya harus turun di sini?
사야 하루스 뚜룬 디 시니

⓯ Ganti bus di sini.
간띠 버스 디 시니

⓰ Tunggu di sebelah sana.
뚱구 디 스블라 사나

앗! 단어장!

버스 터미널 : **terminal bus**
(떠르미날 버스)

장거리 버스 : **bus antarkota**
(버스 안따르꼬따)

빠르게 찾고 쉽게 말하는 여행회화! 여러분의 여행을 보다 즐겁고 편안하게 만들어 드립니다!!

❻ 선박의 이용!

❶ 수라바야까지 가는 표를 주십시오.

❷ 갑판좌석을 예약하고 싶습니다.

❸ ~가는 배를 타는 곳은 어디입니까?

❹ 승선시간은 몇 시입니까?

❺ 언제 떠납니까?

❻ 식사는 언제 할 수 있습니까?

❼ 의사를 좀 불러 주시겠습니까?

앗! 단어장!

편도표 : **karcis untuk sekali jalan**
(까르찌스 운뚝 스깔리 잘란)
왕복표 : **karcis pulang-pergi / pp**
(까르찌스 뿔랑-뻐르기 / 뻬뻬)

9. 교통수단

❶ **Minta karcis ke Surabaya.**
민따 까르찌스 꺼 수라바야

❷ **Saya mau pesan tempat duduk di geladak.**
사야 마우 뻐산 뜸빳 두둑 디 글라닥

❸ **Di mana saya naik kapal menuju ~?**
디 마나 사야 나익 까빨 머누주

❹ **Kapan waktu naik kapal?**
까빤 왁뚜 나익 까빨

❺ **Kapan kapal ini akan berangkat?**
까빤 까빨 이니 아깐 버랑깟

❻ **Kapan saya dapat makan?**
까빤 사야 다빳 마깐

❼ **Tolong panggil dokter.**
똘롱 빵길 독떠르

앗! 단어장!

지정석 : **tempat duduk yang ditetapkan**
(뜸빳 두둑 양 디뜨땁깐)

대합실 : **ruang tunggu** (루앙 뚱구)

빠르게 찾고 쉽게 말하는 여행회화! 여러분의 여행을 보다 즐겁고 편안하게 만들어 드립니다!!

❼ 택시의 이용!

❶ 택시 타는 곳은 어디입니까?

❷ 택시를 불러 주십시오.

❸ 어디로 갈까요?

❹ 여기까지 가 주십시오.

❺ 힐튼호텔로 부탁합니다.

❻ 곧장 가십시오.

❼ 얼마나 걸립니까?

❽ 조금 서둘러 주십시오.

❾ 신호 바로 앞에서 세워 주십시오.

9. 교통수단

❶ Di mana saya dapat naik taksi?
디 마나 사야 다빳 나익 딱시

❷ Tolong panggil taksi.
똘롱 빵길 딱시

❸ Mau pergi ke mana Pak?
마우 뻐르기 꺼 마나 빡

❹ Antar saya ke sini.
안따르 사야 꺼 시니

❺ Antar saya ke Hotel Hilton.
안따르 사야 꺼 호텔 힐튼

❻ Ikuti jalan ini terus.
이꾸띠 잘란 이니 뜨루스

❼ Dari sini memakan waktu berapa lama?
다리 시니 머마깐 왁뚜 버라빠 라마

❽ Tolong cepat sedikit.
똘롱 쯔빳 스디낏

❾ Minta berhenti di depan lampu-lampu itu.
민따 버르헌띠 디 드빤 람뿌-람뿌 이뚜

빠르게 찾고 쉽게 말하는 여행회화! 여러분의 여행을 보다 즐겁고 편안하게 만들어 드립니다!!

⑧ 렌터카의 이용!

❶ 차를 빌리려고 합니다.

❷ 원하시는 차종이 있습니까?

❸ 소형차로 주세요.

❹ 이 차종으로 24시간 렌트하겠습니다.

❺ 하루에 얼마입니까?

❻ 요금표를 보여 주십시오.

❼ 선불입니까?

❽ 보험에 들어 두고 싶습니다.

❾ 차를 목적지에서 반납해도 되겠습니까?

9. 교통수단

❶ Saya mau menyewa mobil.
사야 마우 머녜와 모빌

❷ Mau sewa mobil jenis apa?
마우 세와 모빌 즈니스 아빠

❸ Minta mobil yang kecil.
민따 모빌 양 끄찔

❹ Saya mau menyewa mobil ini selama 24 jam.
사야 마우 머녜와 모빌 이니 슬라마 두아뿔루 음빳 잠

❺ Berapa sewanya per hari?
버라빠 세와냐 뻐르 하리

❻ Minta lihatkan daftar ongkos.
민따 리핫깐 다프따르 옹꼬스

❼ Harus bayar di muka?
하루스 바야르 디 무까

❽ Saya mau membeli asuransi.
사야 마우 멈블리 아수란시

❾ Bolehkah saya mengembalikan mobil ini di tempat tujuan?
볼레까 사야 멍엄발리깐 모빌 이니 디 뜸빳 뚜주안

빠르게 찾고 쉽게 말하는 여행회화! 여러분의 여행을 보다 즐겁고 편안하게 만들어 드립니다!!

교통수단 관련 단어!

● 철도여행 관련 단어표현

철도	**jalan kereta api**	
	잘란 끄레따 아삐	
차표	**karcis kereta api**	
	까르찌스 끄레따 아삐	
열차	**kereta api**	
	끄레따 아삐	
역	**stasiun**	스따시운
플랫폼	**peron**	뻬론
특실	**kamar istimewa**	
	까마르 이스띠메와	
편도표	**karcis untuk sekali jalan**	
	까르찌스 운뚝 스깔리 잘란	
왕복표	**karcis pulang-pergi / pp**	
	까르찌스 뿔랑-뻐르기 / 뻬뻬	
도중하차	**perhentian**	뻐르헌띠안
환불	**pembayaran kembali**	
	뻠바야란 끔발리	

9. 교통수단

침대차	kereta tidur 끄레따 띠두르
식당차	kereta makan 끄레따 마깐
급행(표)	(karcis) ekspres
	(까르찌스) 엑스쁘레스
지정석	tempat duduk yang ditetapkan
	뜸빳 두둑 양 디뜨땁깐
대합실	ruang tunggu 루앙 뚱구
특급	kereta api ekspres
	끄레따 아삐 엑스쁘레스
야간열차	kereta api malam
	끄레따 아삐 말람
침대 위칸	tempat tidur atas
	뜸빳 띠두르 아따스
침대 아래칸	tempat tidur bawah
	뜸빳 띠두르 바와
흡연객차	kereta api boleh merokok
	끄레따 아삐 볼레 머로꼭
금연객차	kereta api bebas rokok
	끄레따 아삐 베바스 로꼭

교통수단 관련 단어!

| 차장 | tukang rem | 뚜깡 렘 |
| 급행요금 | biaya ekspres | 비아야 엑스쁘레스 |

◆ 버스여행 관련 단어표현

버스	bus	버스
버스 터미널	terminal bus	떠르미날 버스
장거리 버스	bus antarkota	버스 안따르꼬따
리무진 버스	bus limousine	버스 리무진
정류장	halte	할뜨
주차장	tempat parkir	뜸빳 빠르끼르
회수권	karcis	까르찌스
교통	lalu lintas	랄루 린따스
출발	keberangkatan	끄버랑까딴
도착하다	tiba	띠바

9. 교통수단

➲ 택시 관련 단어표현

택시	**taksi**	딱시
요금	**biaya**	비아야
심야요금	**biaya untuk malam**	
		비아야 운뚝 말람
택시 타는 곳	**tempat naik taksi**	
		뜸빳 나익 딱시
오른쪽	**kanan**	까난
왼쪽	**kiri**	끼리
곧장	**ikuti terus jalan**	
		이꾸띠 뜨루스 잘란
여기	**sini**	시니
저기	**sana**	사나
세워 주세요	**Minta berhenti**	민따 버르헌띠
돌다	**belok**	벨록
신호등	**lampu lalu lintas**	
		람뿌 랄루 린따스

빠르게 찾고 쉽게 말하는 여행회화! 여러분의 여행을 보다 즐겁고 편안하게 만들어 드립니다!!

교통수단 관련 단어!

| 짐 | barang | 바랑 |
| 거스름돈 | uang kembalian | 우앙 끔발리안 |

● 기타 장소 관련 단어표현

지도	peta	뻬따
도로 지도	peta untuk jalan	뻬따 운뚝 잘란
안내서	brosur	브로수르
주유소	pompa bensin	뽐빠 벤신
토산품점	toko khas	또꼬 하스
화랑	toko lukisan	또꼬 루끼산
서점	toko buku	또꼬 부꾸
은행	bank	방
상점가	kompleks perbelanjaan	꼼쁠렉스 뻐르블란자안
백화점	toko serba ada	또꼬 서르바 아다
면세점	toko bebas bea	또꼬 베바스 베아
선물가게	toko oleh-oleh	또꼬 올레-올레

10. 관광하기!

 ❶ 주요 관광지!

● **자카르타**

독립광장 : 자카르타 중심부인 땀린가에 위치한 독립광장은 워싱턴 광장을 표본으로 만들어졌는데 자카르타 시민의 휴식처로서 사랑받는 곳입니다. 또한, 이 광장의 중앙에는 인도네시아의 독립을 기념하기 위해 제작된 독립기념탑이 있습니다.

회교사원 : 아시아에서 가장 크고 세계에서도 3번째로 규모가 큰 사원으로서 매주 금요일 오후 1시경에는 많은 회교 신자들의 합동 예배하는 모습을 구경할 수 있습니다.

빠르게 찾고 쉽게 말하는 여행회화! 여러분의 여행을 보다 즐겁고 편안하게 만들어 드립니다!!

관광 정보 및 상식!

따안미니 인도네시아 : 자카르타에서 가장 인기있는 관광명소로서 인도네시아 각 지방의 문화 및 의식주 생활을 엿볼 수 있는 일종의 민속촌같은 곳입니다. 이곳에 있는 따안미니 박물관을 구경해 보면 인도네시아 사람들의 문화 및 생활을 어느정도 알 수 있을 것입니다.

국립박물관 : 코끼리박물관이라고도 부르는 이곳에는 선사시대에서부터 현대에 이르기까지의 역사적인 문화재들이 전시되어 있습니다.

안쭐유원지 : 인도네시아의 대표적인 종합 유원지로서 놀이동산인 두니아판타지와 수족관인 씨월드, 스포츠 시설, 성인 오락시설에 이르기까지 남녀노소 누구나가 즐길 수 있게 꾸며져 있습니다.

뿐짝 : 자카르타에서 2시간 정도의 거리에 위치한 뿐짝은 1년 내내 서늘한 날씨가 계속되어서 기후도 좋을 뿐만 아니라 차 재배 산지와 동물원인 따만사파리도 있어서 자카르타 근교의 관광 코스로 좋은 곳입니다.

● **족자카르타**

족자카르타는 자바 문화의 중심지로 관광지로서 여러가지의 볼거리를 제공합니다. 가장 유명한 곳으로는 무너진 프람바난 절과 세계 7대 불가사의 중에 하나인 보로부드르 불교사원입니다. 그리고 인도네시아 현대 미술의 중요한 역할을 하는 지역인만큼 박물관이나 미술관도 많이 있습니다. 또한 바틱이나 은, 가죽 세공 기술이 뛰어난 기술자들이 많아서 곳곳에서 작업하는 모습을 직접 볼 수 있으며 전통 공예품을 구입할 수도 있습니다

10. 관광하기!

● 발리

뛰어난 자연 경관으로 인도네시아에서 가장 유명한 휴양지인 발리는 자연 경관뿐 아니라 독특한 생활양식과 문화로 많은 외국인이 찾는 세계의 관광지입니다. 발리 사람들은 거의 대부분이 춤과 음악, 그림이나 조각, 공예품을 만들며 그것은 또한 그들의 실생활에 밀접하게 관련되어 있습니다. 사누르 해안과 꾸따 해안, 누사 두아 등이 관광객이 많이 찾는 유명한 해안입니다.

✚ 인도네시아인들의 Night Life

디스코텍 : 입장권을 구입한 후 그 입장권을 음료나 맥주로 바꾸어 마시며 춤도 추고 흥겹게 즐길 수 있는 장소로서 B1, M-KLAB, POSTER 등이 인도네시아 젊은이들이 많이 가는 장소입니다.

바, 펍 : 라이브 밴드의 흥겨운 음악과 더불어 술을 마실 수 있는 장소로 주로 호텔내의 바 등을 이용하는데 그 외에 FABRICE'S나 ZANZIBAR 등도 유명합니다.

나이트 클럽 : 술도 마시고 춤도 출 수 있는 곳으로서 18세 이상만 입장이 가능하며 자카르타의 JALAN-JALAN이 유명합니다.

빠르게 찾고 쉽게 말하는 여행회화! 여러분의 여행을 보다 즐겁고 편안하게 만들어 드립니다!!

① 관광의 시작!

❶ 관광 안내소는 어디에 있습니까?

❷ 곧장 가십시오.

❸ 이 도시의 관광안내지도가 있습니까?

❹ 여행 안내 책자 있습니까?

❺ 교외의 구경꺼리를 가르쳐 주세요.

❻ 여기가 좋을 겁니다.

❼ 예산은 어느 정도이십니까?

❽ 팜플렛이 있습니까?

❾ 야간관광이 있습니까?

10. 관광하기!

❶ Di mana kantor informasi pariwisata?
디 마나 깐또르 인포르마시 빠리위사따

❷ Ikuti jalan ini terus.
이꾸띠 잘란 이니 뜨루스

❸ Adakah peta pariwisata untuk kota ini?
아다까 뻬따 빠리위사따 운뚝 꼬따 이니

❹ Ada manual informasi pariwisata?
아다 마누알 인포르마시 빠리위사따

❺ Tolong perkenalkan obyek-obyek pariwista di luar kota.
똘롱 뻐르끄날깐 옵엑-옵엑 빠리위사따
디 루아르 꼬따

❻ Daerah ini bagus.
다에라 이니 바구스

❼ Sekitar berapa anggaran Anda?
스끼따르 버라빠 앙가란 안다

❽ Adakah brosur?
아다까 브로수르

❾ Adakah pariwisata untuk waktu malam?
아다까 빠리위사따 운뚝 왁뚜 말람

빠르게 찾고 쉽게 말하는 여행회화! 여러분의 여행을 보다 즐겁고 편안하게 만들어 드립니다!!

❷ 길 물어보기!

❶ 미안합니다만, 한국대사관은 어디입니까?

❷ 역으로 가는 길을 가르쳐 주십시오.

❸ 유스호스텔은 여기서 멉니까?

❹ 두 번째 신호에 왼쪽으로 돕니다.

❺ 똑바로 가면 됩니까?

❻ 이 거리를 뭐라고 부릅니까?

❼ 저것은 무슨 건물입니까?

❽ 여기에 약도를 그려 주시겠습니까?

❾ 얼마나 걸립니까?

10. 관광하기!

❶ Permisi, di mana Kedutaan Besar Korea Selatan?
뻐르미시 디 마나 끄두따안 버사르 꼬레아 슬라딴

❷ Tolong tunjukkan arah ke stasiun.
똘롱 뚠죽깐 아라 꺼 스따시운

❸ Apakah asrama untuk muda-mudi jauh dari sini?
아빠까 아스라마 운뚝 무다-무디 자우 다리 시니

❹ Belok ke kiri di lampu lalu lintas.
벨록 꺼 끼리 디 람뿌 랄루 린따스

❺ Ikuti jalan ini terus?
이꾸띠 잘란 이니 뜨루스

❻ Jalan ini disebut apa?
잘란 이니 디스붓 아빠

❼ Gedung itu gedung apa?
거둥 이뚜 거둥 아빠

❽ Tolong buatkan peta sketsa di sini.
똘롱 부앗깐 뻬따 스켓사 디 시니

❾ Berapa lama dari sini?
버라빠 라마 다리 시니

빠르게 찾고 쉽게 말하는 여행회화! 여러분의 여행을 보다 즐겁고 편안하게 만들어 드립니다!!

❸ 길을 잃었을 때!

❶ 여기는 어디입니까?

❷ 저는 길을 잃고 말았습니다.

❸ 현재 위치를 가르쳐 주십시오.

❹ 지도상으로 제가 어디에 있는 건가요?

❺ 프레지던트 호텔까지 걸어서 갈 수 있습니까?

❻ 여기서 얼마나 멀지요?

❼ 버스로 갈 수 있습니까?

❽ 한국어를 할 줄 아는 가이드를 부탁합니다.

10. 관광하기!

❶ Ini di mana?
이니 디 마나

❷ Saya tersesat di jalan.
사야 떠르스삿 디 잘란

❸ Tolong tunjukkan tempat ini.
똘롱 뚠죽깐 뜸빳 이니

❹ Sekarang saya berada di mana di peta ini?
스까랑 사야 버르아다 디 마나 디 뻬따 이니

❺ Apakah saya dapat berjalan sampai Hotel President?
아빠까 사야 다빳 버르잘란 삼빠이 호텔 프레지던트

❻ Berapa jauh dari sini?
버라빠 자우 다리 시니

❼ Apakah saya dapat pergi dengan naik bus?
아빠까 사야 다빳 뻐르기 등안 나익 버스

❽ Saya memerlukan seorang pramuwisata yang dapat berbahasa Korea.
사야 머머를루깐 스오랑 쁘라무위사따 양 다빳 버르바하사 꼬레아

빠르게 찾고 쉽게 말하는 여행회화! 여러분의 여행을 보다 즐겁고 편안하게 만들어 드립니다!!

④ 기념사진 찍기!

❶ 여기서 사진을 찍어도 됩니까?

❷ 플래시를 터뜨려도 됩니까?

❸ 사진 좀 찍어주시겠습니까?

❹ 미안합니다만, 셔터 좀 눌러 주십시오.

❺ 여기를 누르면 됩니다.

❻ 한 장 더 부탁합니다.

❼ 나와 함께 찍어 주십시오.

❽ 당신 사진을 찍어도 괜찮겠습니까?

❾ 사진을 보내 드리겠습니다.

10. 관광하기!

❶ Bolehkah saya mengambil foto di sini?
볼레까 사야 멍암빌 포또 디 시니

❷ Bolehkah saya memakai flash?
볼레까 사야 머마까이 플래시

❸ Permisi. Bisakah mengambilkan foto untuk saya?
뻐르미시 비사까 멍암빌깐 포또 운뚝 사야

❹ Permisi, tolong tekan tombol kamera ini.
뻐르미시 똘롱 뜨깐 똠볼 까메라 이니

❺ Tekan ini saja.
뜨깐 이니 사자

❻ Tolong sekali lagi.
똘롱 스깔리 라기

❼ Kalau tidak berkeberatan, saya mau berfoto dengan Anda.
깔라우 띠닥 버르꺼버라딴 사야 마우 버르포또 등안 안다

❽ Boleh saya mengambil foto Anda?
볼레 사야 멍암빌 포또 안다

❾ Saya akan mengirim foto ini kepada Anda.
사야 아깐 멍이림 포또 이니 꺼빠다 안다

빠르게 찾고 쉽게 말하는 여행회화! 여러분의 여행을 보다 즐겁고 편안하게 만들어 드립니다!!

관광 관련 단어!

➡ 사진 관련 단어표현

현상	cuci film	쭈찌 필름
인화	cetak foto	쩨딱 필름
촬영금지	Dilarang mengambil foto	
	딜라랑 멍암빌 포또	
플래시 금지	Dilarang memakai flash	
	딜라랑 머마께이 플래쉬	
흑백필름	film hitam-putih	필름 히땀-뿌띠
컬러필름	film berwarna	필름 버르와르나
건전지	baterai	바뜨레이

➡ 관광 관련 단어표현

관광	pariwisata	빠리위사따
명소	obyek pariwisata	
	옵엑 빠리위사따	
사적	tempat peninggalan sejarah	
	뜸빳 뻐닝갈란 스자라	
유적	peninggalan	뻐닝갈란
교외	luar kota	루아르 꼬따
박물관	museum	무세움
미술관	galeri	갈러리
국회의사당	gedung DPR	거둥 데뻬에르

10. 관광하기!

한국어	Indonesia	발음
성	benteng	벤뗑
식물원	kebun raya	꺼분 라야
동물원	taman binatang	따만 비나땅
절	candi / kuil	짠디 / 꾸일
공원	taman	따만
정원	halaman	할라만
수족관	akuarium	아꾸아리움
유원지	taman hiburan	따만 히부란
연못	kolam	꼴람
유람선	kapal pesiar	까빨 뻬시아르
케이블카	kereta gantungan	끄레따 간뚱안
언덕	lereng	레렝
축제	festival	페스띠발
도시	kota	꼬따
만	teluk	떨룩
반도	semenanjung	스머난중
섬	pulau	뿔라우
산 / 화산	gunung / gunung berapi	구눙 / 구눙 버라삐
호수	danau	다나우
숲	hutan	후딴
바다	laut	라웃
폭포	air terjun	아이르 떠르준
해안	pantai	빤따이
항구	pelabuhan	뻘라부한

빠르게 찾고 쉽게 말하는 여행회화! 여러분의 여행을 보다 즐겁고 편안하게 만들어 드립니다!!

관광 관련 단어!

관광안내소 **kantor informasi pariwisata**
깐또르 인포르마시 빠리위사따
불꽃놀이 **permainan kembang api**
뻐르마인안 끔방 아삐
온천 **sumber air panas**
숨버르 아이르 빠나스

○ 시내관광 관련 단어표현

통역 **penerjemahan** 뻐너르즈마한
반나절 관광 **pariwisata siang hari**
빠리위사따 시앙 하리
당일 여행 **pariwisata sepanjang hari**
빠리위사따 스빤장 하리
팜플렛 **brosur** 브로수르
수수료 **komisi** 꼬미시
예약 **pesanan** 뻐산안
여행사 **biro perjalanan** 비로 뻐르잘란안
입장료 **ongkos masuk** 옹꼬스 마숙

동 / 서 **timur / barat** 띠무르 / 바랏
남 / 북 **selatan / utara** 슬랏딴 / 우따라
오른쪽 **kanan** 까난
왼쪽 **kiri** 끼리

10. 관광하기!

우측통행	**lintasan kanan**	린따산 까난
좌측통행	**lintasan kiri**	린따산 끼리
앞 / 뒤	**depan / belakang**	드빤 / 블라깡
옆	**sisi**	시시
반대편	**sisi yang berlawanan**	
	시시 양 버를라완안	
길 (도로)	**jalan (jalan raya)**	
	잘란 (잘란 라야)	
보도 / 차도	**trotoar / jalan kendaraan**	
	뜨로또아르 / 잘란 끈다라안	
횡단보도	**penyeberangan**	뻐녀브랑안
경찰관	**polisi**	뽈리시
교회	**gereja**	그레자
사원	**mesjid**	머스짓
도서관	**perpustakaan**	뻐르뿌스따까안
광장	**alun-alun**	알룬-알룬
공원	**taman**	따만
시장	**pasar**	빠사르
건물	**gedung**	거둥
곧장	**ikuti jalan terus**	
	이꾸띠 잘란 뜨루스	
길을 잃다	**tersesat di jalan**	
	떠르스삿 디 잘란	
중앙	**pertengahan**	뻐르떵아한
돌다	**belok**	벨록

5 공연의 관람! 1.

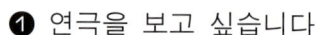

❶ 연극을 보고 싶습니다.

❷ 가믈란 연주는 어디서 들을 수 있습니까?

❸ 지금 뭐가 인기가 있습니까?

❹ 오늘 밤에는 무엇을 상영하고 있습니까?

❺ 누가 출연하고 있습니까?

❻ 누가 연주하고 있습니까?

❼ 어떤 내용입니까?

10. 관광하기!

❶ Saya mau menonton sandiwara.
사야 마우 머논똔 산디와라

❷ Di mana saya dapat menikmati pertunjukkan Gamelan?
디 마나 사야 다빳 머닉마띠 뻐르뚠죽깐 가믈란

❸ Acara apa yang populer sekarang ini?
아짜라 아빠 양 뽀뿔레르 스까랑 이니

❹ Malam ini acara apa yang akan dipertunjukkan?
말람 이니 아짜라 아빠 양 아깐 디뻐르뚠죽깐

❺ Siapa yang akan tampil?
시아빠 양 아깐 땀삘

❻ Siapa yang memainkannya?
시아빠 양 머마인깐냐

❼ Apa isinya?
아빠 이시냐

⑥ 공연의 관람! 2.

❶ 표는 어디서 삽니까?

❷ 오늘밤 표가 있습니까?

❸ 관람권은 얼마입니까?

❹ 입장료는 얼마입니까?

❺ 더 싼 좌석은 없습니까?

❻ 통로의 좌석을 부탁합니다.

❼ 이 좌석은 어느 쪽입니까?

❽ 지금 무슨 공연을 하고 있습니까?

❾ 미안합니다. 매진입니다.

10. 관광하기!

❶ Di mana saya dapat membeli tiket?
디 마나 사야 다빳 멈블리 띠껫

❷ Adakah tiket untuk malam ini?
아다까 띠껫 운뚝 말람 이니

❸ Berapa harga karcis pertunjukan?
버라빠 하르가 까르찌스 뻐르뚠죽깐

❹ Berapa harganya ongkos masuk?
버라빠 하르가냐 옹꼬스 마숙

❺ Tidak adakah tempat duduk yang lebih murah?
띠닥 아다까 뜸빳 두둑 양 르비 무라

❻ Minta tempat duduk di sebelah gang.
민따 뜸빳 두둑 디 스블라 강

❼ Bagian mana tempat duduk ini?
바기안 마나 뜸빳 두둑 이니

❽ Sekarang pertunjukan apa yang dimainkan?
스까랑 뻐르뚠죽깐 아빠 양 디마인깐

❾ Maaf. Habis terjual.
마아프 하비스 떠르주알

빠르게 찾고 쉽게 말하는 여행회화! 여러분의 여행을 보다 즐겁고 편안하게 만들어 드립니다!!

❼ 나이트 클럽!

❶ 나이트 클럽에 가고 싶습니다.

❷ 근처에 디스코텍이 있습니까?

❸ 몇 시에 엽니까?

❹ 입장료는 얼마입니까?

❺ 음료수 값은 별도입니까?

❻ 생연주가 됩니까?

❼ 어떤 종류의 음악을 연주합니까?

❽ 무엇을 마시겠습니까?

❾ 함께 춤추지 않겠습니까?

10. 관광하기!

❶ Saya mau pergi ke klup malam.
사야 마우 뻐르기 꺼 끌럽 말람

❷ Di mana diskotik sekitar sini?
디 마나 디스꼬틱 스끼따르 시니

❸ Pukul berapa dibuka?
뿌꿀 버라빠 디부까

❹ Berapa harga ongkos masuk?
버라빠 하르가 옹꼬스 마숙

❺ Apa ini tidak termasuk ongkos minuman?
아빠 이니 띠닥 떠르마숙 옹꼬스 미눔안

❻ Adakah pertunjukan musik secara langsung?
아다까 뻐르뚠죽깐 무식 스짜라 랑숭

❼ Jenis musik apa yang dimainkan?
즈니스 무식 아빠 양 디마인깐

❽ Mau minum apa?
마우 미눔 아빠

❾ Bolehkah saya mengajak Anda berdansa dengan saya?
볼레까 사야 멍아작 안다 버르단사 등안 사야

빠르게 찾고 쉽게 말하는 여행회화! 여러분의 여행을 보다 즐겁고 편안하게 만들어 드립니다!!

⑧ 스포츠 즐기기!

❶ 저는 골프를 하고 싶습니다.

❷ 축구 시합을 보고 싶습니다.

❸ 어느 팀들의 시합입니까?

❹ 지금 표를 살 수 있을까요?

❺ 표는 어디서 살 수 있습니까?

❻ 이 근처에서 스케이트를 탈 수 있습니까?

❼ 스케이트를 빌리고 싶습니다.

❽ 보트를 빌려 주십시오.

❾ 자전거 대여는 어디에서 합니까?

10. 관광하기!

❶ Saya mau bermain golf.
사야 마우 버르마인 골프

❷ Saya mau menonton pertandingan sepak bola.
사야 마우 머논똔 뻐르딴딩안 세빡 볼라

❸ Ini pertandingan tim apa?
이니 뻐르딴딩안 띰 아빠

❹ Apakah masih ada tiket?
아빠까 마시 아다 띠껫

❺ Di mana saya dapat membeli tiket?
디 마나 사야 다빳 멈블리 띠껫

❻ Apakah saya dapat bermain ice skate di sekitar sini?
아빠까 사야 다빳 버르마인 아이스 스케이트 디 스끼따르 시니

❼ Saya mau menyewa sepatu skate.
사야 마우 머녜와 스빠뚜 스케이트

❽ Minta menyewa speed boat.
민따 머녜와 스피드 보트

❾ Di mana saya dapat menyewa sepeda?
디 마나 사야 다빳 머녜와 스뻬다

오락 관련 단어!

➡ 오락 관련 단어표현

연극	sandiwara	산디와라
영화	film	필름
인도네시아 무용	tarian khas Indonesia	따리안 하스 인도네시아
인도네시아 영화	film Indonesia	필름 인도네시아
서양영화	film Barat	필름 바랏
극장/영화관	bioskop	비오스꼽
입장료	ongkos masuk	옹꼬스 마숙
지정석(예약좌석)	tempat duduk yang ditetapkan	뜸빳 두둑 양 디뜨땁깐
특별석	tempat duduk khusus	뜸빳 두둑 후수스
빈자리	tempat kosong	뜸빳 꼬송
대기하다	menunggu	머눙구
주역	pemeran utama	뻐머란 우따마
출연	penampilan	뻐남삘란
감독	sutradara	수뜨라다라
연주	permainan musik	뻐르마인안 무식
지휘	pimpinan	삠삔안
나이트클럽	klup malam	끌룹 말람
가라오케	karaoke	가라오께

204

10. 관광하기!

디스코	**disko**	디스꼬
무대	**panggung**	빵궁
매진	**habis terjual**	하비스 떠르주알

➡ 스포츠 관련 단어표현

골프	**golf**	골프
수영	**berenang**	버르낭
풀장	**kolam renang**	꼴람 르낭
테니스	**tenis**	떼니스
낚시	**pemancingan ikan**	뻐만찡안 이깐
보트	**boat**	보트
사이클링	**balap sepeda**	발랍 스뻬다
서핑	**papan selancar**	빠빤 슬란짜르
승마	**pacuan kuda**	빠쭈안 꾸다
스케이트	**skate**	스케이트
등산	**pendakian gunung**	뻔다끼안 구눙
윈드서핑	**selancar angin**	슬란짜르 앙인
스키	**ski**	스끼
야구	**bisbol**	비스볼
축구	**sepak bola**	세빡 볼라

빠르게 찾고 쉽게 말하는 여행회화! 여러분의 여행을 보다 즐겁고 편안하게 만들어 드립니다!!

인도네시아 관광정보!

✚ 인도네시아 관광시 주의할 점!

인도네시아에서는 국민의 대부분이 이슬람교를 믿고 있으므로 이슬람교 계율에 어긋나는 행동을 하지 않도록 주의합니다. 이슬람 사원 방문시에는 여성은 머리에 두건을 두르고 노출이 심한 옷은 입장이 안되며 신발도 벗어야 합니다.
그리고 예로부터 왼손은 불결한 일을 처리할 때 사용하는 손이므로 악수를 하거나 음식을 먹을 때 등에는 반드시 오른손을 사용하도록 합니다. 또한 다른 사람과 대화시에 우리가 흔히 하는 행동인 등을 치거나 아이의 머리를 두드리는 것을 싫어하므로 이러한 행동은 하지 않도록 합니다.

✚ 팁!

여행지에서 호텔이나 레스토랑, 또는 택시 등을 이용시에는 팁을 지불하여야 하는데, 우선 일급 이상의 호텔이나 레스토랑의 경우에는 계산시에 영수증에 10%의 봉사료가 포함되어 있으므로 따로 지불하지 않아도 되며 계산서에 봉사료가 포함되지 않은 경우에는 이용금액의 10% 정도를 팁으로 지불하면 됩니다. 그외에 호텔의 벨보이나 공항에서의 포터에게는 화물 건당 2000루피아를 택시 운전사에게는 1000루피아 정도를 팁으로 지불하면 됩니다.

11. 사고상황의 대처!

 ❶ 문제상황의 발생!

어느 나라에서든 소매치기와 도난 사고가 자주 발생하는데 인도네시아에서도 외국인 여행자를 노리는 범죄 행위가 계속해서 늘고 있습니다. 따라서 관광시에는 돈이 많은 관광객으로 보이지 않도록 겉치레를 하지 않으며 지갑 등을 주머니에 넣어서 주머니가 불룩해 보이지 않도록 하고 외딴 곳을 밤 늦게 혼자 다니는 행동은 삼가하도록 합니다. 여권이나 비행기 표같은 중요한 물건은 옷안에 따로 작은 가방에 넣어 보관하도록 하며 자동차 이용시에도 오토바이를 이용한 날치기가 많으므로 창문을 닫고 다니도록 합니다. 그리고 일단 강도를 만났을 경우에는 칼 등의 무기를 소지하고 있으므로 반항하지 않도록 합니다.

빠르게 찾고 쉽게 말하는 여행회화! 여러분의 여행을 보다 즐겁고 편안하게 만들어 드립니다!!

분실, 도난, 사고?

외국 여행시 분실 도난사고에 대비해서 다음의 것들을 메모하여 따로 보관하도록 합니다.

- **여권과 비자** : 여권 번호, 발행일, 발행지, 유효 기간, 여행지의 한국공관 연락처 (여권의 사진이 있는 부분을 복사해 둠)
- **여행자수표** : 수표의 일련 번호, 구입일, 한국과 현지의 은행 연락처
- **신용카드** : 카드 번호, 한국과 현지의 발급처와 분실 신고 연락처
- **해외 여행자 보험** : 보험증 번호, 계약 연월일
- **항공권** : 항공권 번호, 발행일, 한국과 현지의 항공사 연락처

 ❷ 분실 도난사고시!

ⓐ **여권을 분실했을 때 :**
여권을 분실해 재발급을 받으려면 상당한 시간이 소요됩니다. 전체 여행에 차질을 빚을 수 있으므로 가능한 한 빨리 한국대사관이나 총영사관에 연락한 후 '여행자증명서'를 발급 받도록 합니다. 여권 및 여행자 증명서를 재발급 받기 위한 구비서류로는 ① 여권 도난 / 분실 증명서 (현지 경찰 발급), ② 일반여권 재발급신청서 2통, ③ 신분증, ④ 사진 3매, ⑤ 분실한 여권의 번호와 교부일자 등을 준비해야 합니다.

ⓑ **여행자수표를 분실했을 때 :**
재발행은 두 번째의 사인을 하지 않은 미사용분만 가능합니다. 재발행을 위해서는 ① 분실증명서(경찰서에서 발급), ② 발행 증명서(구입시 은행에서 준 것), ③ 여권이나 운전면허증 등의 신분증을 지참하고 발행 은행의 현지 지점으로 가시면 됩니다.

11. 사고상황의 대처

ⓒ **항공권을 분실했을 때 :**

발권 항공사의 대리점으로 가서 재발급 신청을 합니다. ① 항공권번호, ② 발권일자, ③ 구간, ④ 복사본이 있으면 편리하며, 소요시간은 약 1주일정도 걸립니다. 시간이 촉박할 때는 일단 새로 비행기표를 사고, 나중에 환불 받는 방법을 취하도록 합니다.

ⓓ **크레디트카드를 분실했을 때 :**

카드발행회사에 즉시 신고합니다. 보통 지갑과 함께 잃어버려 현금과 다른 신분증을 함께 잃어 버리는 경우가 많은데 이를 위해 현금과 카드는 분산해서 소지하고 한국으로부터 송금받을 경우에 대해서도 대비를 하도록 합니다.

ⓔ **배낭 또는 기타 물건을 분실했을 때 :**

가방을 분실하거나 도난 당했을 경우, 인근 경찰서에서 분실 증명서를 발급 받아야 합니다. 보험 가입자의 경우 귀국 후, 보험청구시에 반드시 필요한 서류가 됩니다. 그리고 항공기의 운송사고의 경우는 사고보상에 따른 일체를 항공사가 배상합니다.

❸ 질병에 대한 대비

인도네시아에서는 의사의 처방 없이는 약을 구하기 어려우므로 한국에서 비상약을 준비해 가도록 하며 한국에 없는 바이러스가 많고 풍토병이 있으므로 여행중 몸 상태가 안좋을 시에는 충분한 휴식을 취하도록 합니다.

빠르게 찾고 쉽게 말하는 여행회화! 여러분의 여행을 보다 즐겁고 편안하게 만들어 드립니다!!

① 분실사고시!

❶ 여권을 분실했습니다.

❷ 여행자 수표를 잃어버렸습니다.

❸ 여행자 수표를 도난당했습니다.

❹ 도난증명서를 만들어 주십시오.

❺ 한국어가 가능한 사람을 불러주십시오.

❻ 한국 대사관으로 어떻게 가면 됩니까?

❼ 여권을 재발행하러 왔습니다.

❽ 분실 증명서를 써 주십시오.

❾ 어디선가 소매치기 당했습니다.

11. 사고상황의 대처

❶ Saya kehilangan paspor.
사야 끄힐랑안 빠스뽀르

❷ Saya kehilangan travel cek.
사야 끄힐랑안 뜨래블 쩩

❸ Travel cek saya dicopet.
뜨레블 쩩 사야 디쪼뺏

❹ Mohon dibuatkan tanda bukti pencurian.
모혼 디부앗깐 딴다 북띠 뻔쭈리안

❺ Mohon dipanggilkan orang yang dapat berbahasa Korea.
모혼 디빵길깐 오랑 양 다빳 버르바하사 꼬레아

❻ Di mana Kedutaan Besar Korea Selatan?
디 마나 끄두따안 버사르 꼬레아 슬라딴

❼ Mohon dibuatkan paspor saya kembali.
모혼 디부앗깐 빠스뽀르 사야 끔발리

❽ Mohon dituliskan tanda bukti kehilangan.
모혼 디뚤리스깐 딴다 북띠 끄힐랑안

❾ Saya dicopet di suatu tempat.
사야 디쪼뺏 디 스아뚜 뜸빳

❷ 사고의 신고!

❶ 분실물계는 어디입니까?

❷ 카메라를 잃어버렸습니다.

❸ 차표를 분실했습니다.

❹ 열차에 가방을 잊고 내렸습니다.

❺ 이것이 수표의 번호입니다.

❻ 짐이 하나 모자랍니다.

❼ 수하물 예치증을 가지고 있습니까?

❽ 네, 여기 있습니다.

❾ 발행증명서가 있습니까?

11. 사고상황의 대처

❶ Di mana kantor urusan barang yang hilang?
디 마나 깐또르 우루산 바랑 양 힐랑

❷ Kamera saya hilang.
까메라 사야 힐랑

❸ Karcis saya hilang.
까르찌스 사야 힐랑

❹ Ketinggalan tas di kereta api.
끄띵갈란 따스 디 끄레따 아삐

❺ Ini nomor cek saya.
이니 노모르 짹 사야

❻ Kurang satu bagasi.
꾸랑 사뚜 바가시

❼ Apakah Anda mempunyai tanda bukti penitipan?
아빠까 안다 멈뿌냐이 딴다 북띠 뻐니띠빤

❽ Ya, ini.
야 이니

❾ Apakah Anda mempunyai tanda bukti penerbitan?
아빠까 안다 멈뿌냐이 딴다 북띠 뻐너르비딴

❸ 긴급! 간단표현!

❶ 사람살려!

❷ 위험해!

❸ 조심하세요!

❹ 나가세요!

❺ 서둘러 주세요.

❻ 불이야!

❼ 도와주세요!

❽ 응급상황이에요.

❾ 경찰을 불러 주세요!

11. 사고상황의 대처

❶ Tolonglah saya!
똘롱라 사야

❷ Awas!
아와스

❸ Hati-hati!
하띠-하띠

❹ Keluarlah!
끌루아를라

❺ Tolong cepat-cepat!
똘롱 쯔빳-쯔빳

❻ Api!
아삐

❼ Tolong!
똘롱

❽ Ini keadaan darurat.
이니 끄아다안 다루랏

❾ Minta dipanggilkan polisi!
민따 디빵길깐 뽈리시

④ 병원 치료! 1.

❶ 구급차를 불러 주십시오.

❷ 병원에 데려다 주십시오.

❸ 의사를 불러 주십시오.

❹ 어디가 아프십니까?

❺ 여기가 아픕니다.

❻ 머리(위, 이)가 아픕니다.

❼ 오한이 납니다.

❽ 설사를 했습니다.

❾ 감기에 걸렸습니다.

11. 사고상황의 대처

❶ Tolong panggilkan ambulan.
똘롱 빵길깐 암불란

❷ Tolong antarkan saya ke rumah sakit.
똘롱 안따르깐 사야 꺼 루마 사낏

❸ Tolong panggilkan dokter.
똘롱 빵길깐 독떠르

❹ Sakit di bagian mana?
사낏 디 바기안 마나

❺ Bagian ini sakit.
바기안 이니 사낏

❻ Sakit kepala (lambung, gigi).
사낏 꺼빨라 람붕 기기

❼ Kedinginan.
끄딩인안

❽ Saya kena menceret.
사야 끄나 멘쯔렛

❾ Saya kena flu.
사야 끄나 플루

❺ 병원 치료! 2.

❿ 발을 삐었습니다.

⓫ 옆으로 누우십시오.

⓬ 주사를 놓겠습니다.

⓭ 상태가 어떻습니까?

⓮ 수술해야 합니까?

⓯ 입원하지 않으면 안됩니까?

⓰ 휴식(안정)이 필요합니다.

⓱ 몇 일 정도면 완쾌되겠습니까?

⓲ 여행을 계속해도 됩니까?

11. 사고상황의 대처

⑩ Kaki saya terkilir.
까끼 사야 떠르낄리르

⑪ Tolong berbaring miring.
똘롱 버르바링 미링

⑫ Saya akan menyuntik.
사야 아깐 머눈틱

⑬ Bagaimana kondisinya?
바게이마나 꼰디시냐

⑭ Haruskah saya dioperasi?
하루스까 사야 디오뻐라시

⑮ Haruskah saya diopname?
하루스까 사야 디옵나머

⑯ Anda memerlukan istirahat.
안다 머머를루깐 이스띠라핫

⑰ Saya dapat sembuh setelah sekitar berapa hari?
사야 다빳 슴부 스뜰라 스끼따르 버라빠 하리

⑱ Dapatkah saya pergi sesuai dengan jadwal pariwisata?
다빳까 사야 뻐르기 스수에이 등안 자드왈 빠리위사따

❻ 약국의 처방!

❶ 약국은 어디에 있습니까?

❷ 이 처방전으로 약을 주십시오.

❸ 감기약을 주십시오.

❹ 진통제를 주십시오.

❺ 약은 몇 번 먹습니까?

❻ 처방전이 있습니까?

❼ 처방전은 없습니다.

11. 사고상황의 대처

❶ Di mana apotik?
디 마나 아뽀띡

❷ Minta dibuatkan obat menurut resep dokter ini.
민따 디부앗깐 오밧 머누룻 르셉 독떠르 이니

❸ Minta obat flu.
민따 오밧 플루

❹ Minta obat pereda rasa sakit.
민따 오밧 뻐르다 라사 사낏

❺ Bagaimana aturan minumnya?
바게이마나 아뚜란 미눔냐

❻ Apakah Anda punya resep dokter?
아빠까 안다 뿌냐 르셉 독떠르

❼ Belum, saya tidak punya resep dokter.
벌룸 사야 띠닥 뿌냐 르셉 독떠르

사고상황 관련 단어!

● 사고 관련 단어표현

경찰(서)	(kantor) polisi	(깐또르) 뽈리시
도둑	pencuri	뻔쭈리
강도	perampok	뻐람뽁
소매치기	pencopet	뻔쪼뻿
분실하다	kehilangan	끄힐랑안
연락하다	menghubungi	멍후붕이
유실물 보관소	kantor penyimpanan / barang yang hilang	
		깐또르 뻐님빤안 / 바랑 양 힐랑

● 병원 관련 단어표현

병원	rumah sakit	루마 사낏
의사	dokter	독떠르
간호사	perawat	뻐라왓
응급처치	tindakan darurat	띤다깐 다루랏
구급차	ambulan	암불란
환자	pasien	빠시엔

11. 사고상황의 대처

내과 전문의	**spesialis ilmu bagian dalam**
	스뻬시알리스 일무 바기안 달람
외과 전문의	**spesialis ilmu bagian bedah**
	스뻬시알리스 일무 바기안 브다
주사	**suntikan** 순띠깐
수술	**operasi** 오뻬라시
진찰	**pemeriksaan badan**
	뻐머릭사안 바단
입원	**opname** 옵나머
퇴원	**keluar dari rumah sakit**
	끌루아르 다리 루마 사낏

● 신체 부위별 명칭

심장 / 간장	**jantung / isi perut dan usus**
	잔뚱 / 이시 뻐룻 단 우수스
입 / 목구멍	**mulut / tenggorok**
	물룻 / 뗑고록
코 / 귀	**hidung / telinga** 히둥 / 떨링아
머리	**kepala** 꺼빨라
손 / 팔	**tangan / lengan** 땅안 / 릉안

사고상황 관련 단어!

발 / 다리	kaki / kaki	까끼 / 까끼
등 / 가슴	belakang / dada	블라깡 / 다다
배 / 위	perut / lambung	뻐룻 / 람붕
치아	gigi	기기
목	leher	레헤르
손목	pergelangan tangan	뻐르글랑안 땅안
발목	mata kaki	마따 까끼
어깨	bahu	바후

● 치료 관련 단어표현

혈압	tekanan darah	뜨깐안 다라
맥박	denyut nadi	든윳 나디
체온 / 열	suhu badan / panas tubuh	수후 바단 / 빠나스 뚜부
고혈압	tekanan darah tinggi	뜨깐안 다라 띵기
전염병	penyakit wabah	뻐냐낏 와바
감기	flu	플루

11. 사고상황의 대처

폐렴	radang paru-paru
	라당 빠루-빠루
천식	penyakit asma 뻐냐낏 아스마
두통	sakit kepala 사낏 꺼빨라
기침	batuk 바뚝
재채기	bersin 버르신
현기증	pening 쁘닝
설사	menceret 멘쯔렛
식중독	keracunan makanan
	꺼라쭌안 마깐안
복통	sakit perut
	사낏 뻐룻
궤양	borok 보록
소화불량	salah cerna 살라 쩌르나
구토	muntah 문따
염증	peradangan 뻐라당안
두드러기	rasa gatal dengan bintik merah
	라사 간딸 등안 빈틱 메라
변비	sembelit 슴블릿
골절	patah tulang 빠따 뚤랑
습포	kompres 꼼쁘레스
붕대	perban 뻐르반

✚ 사고상황 관련 단어!

치통	**sakit gigi**	사낏 기기
열이 있음	**tubuh menjadi panas**	
	뚜부 먼자디 빠나스	
알레르기	**alergi**	알러르기
맹장염	**radang usus buntu**	
	라당 우수수 분뚜	

✚ 긴급상황시 연락처!

인도네시아에서 긴급한 상황이 발생했을 때 유용하게 쓸 수 있는 연락처 정보입니다.

경찰서 : **110**   구급차 : **118, 119**
소방서 : **113**   전화안내 : **108**

한국대사관 : **520-1915**

외환은행 : **574-1030**

인도네시아한인회 : **521-2515**

서울메디칼 : **723-4533**

12. 귀국 준비!

 ❶ 귀국 준비!

이제 귀국을 준비할 때입니다. 먼저 짐을 잘 정리해 가방의 부피를 최대한으로 줄이며, 짐의 갯수도 줄이도록 합니다. 그리고 귀국에 필요한 서류들을 다시 한번 확인하고 따로 작은 가방에 넣어 잘 보관합니다. 귀국 때 잃어버리는 짐이 가장 많기 때문에 관리를 잘 하도록 합니다.

ⓐ **예약 재확인** : 귀국날짜가 정해지면 미리 항공편 좌석을 예약해야 하며, 예약을 이미 해두었을 경우는 출발 예정일의 3일 전에 재확인을 해야 합니다. 항공사에 전화해서 이름, 편명, 행선지를 말하고 자신의 연락 전화번호를 남기도록 합니다. 성수기 때에는 자칫 재확인을 안해서 당일날 좌석을 구하지 못하는 일이 종종 있습니다.

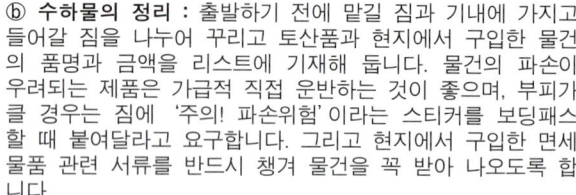

ⓑ **수하물의 정리** : 출발하기 전에 맡길 짐과 기내에 가지고 들어갈 짐을 나누어 꾸리고 토산품과 현지에서 구입한 물건의 품명과 금액을 리스트에 기재해 둡니다. 물건의 파손이 우려되는 제품은 가급적 직접 운반하는 것이 좋으며, 부피가 클 경우는 짐에 '주의! 파손위험'이라는 스티커를 보딩패스 할 때 붙여달라고 요구합니다. 그리고 현지에서 구입한 면세 물품 관련 서류를 반드시 챙겨 물건을 꼭 받아 나오도록 합니다.

ⓒ **출국절차** : 최소한 출발 2시간 전까지는 공항에 미리 도착해 체크인을 하십시오. 9.11테러 이후 수하물 검사가 매우 철저하게 진행되기 때문에 상당 시간이 소요됩니다. 기내휴대 수하물 외의 짐은 탁송합니다. 화물은 항공기 탑재 중량을 먼저 주의하여야 하며, 초과 중량에 대해서는 1kg당 운임료를 따로 지불해야 합니다. 적지 않은 비용이기 때문에 반드시 미리 체크하도록 합니다.
출국절차는 먼저 자신이 이용할 해당 항공사 데스크로 가서 부칠 짐과 함께 여권, 항공권을 제시하면 계원이 비행기의 탑승권을 줍니다. 탑승권에는 좌석번호는 물론 탑승구 번호와 탑승시간까지 기록되어 있습니다.

탑승 수속시 공항 이용료도 지불해야 하는데 요금은 국제선 10만 루피아로 요금을 지불하면 스티커를 붙여 줍니다. 탑승절차를 마치고 난 후 다음은 보안검색과 기내휴대 수하물의 **X선검사**를 받습니다. 출국 심사대로 가서 여권, 보딩패스, 출입국 카드를 제시하고 여권에 출국 도장을 받으면 모든 수속이 끝이 납니다. 출국장 안으로 들어가게 되면 먼저 탑승권에 표시된 탑승 게이트로 가서 대기를 하거나 면세품 코너를 들러 남은 시간을 보냅니다. 아직 선물을 준비하지 못했다면 이곳에서 사는 것이 좋습니다. 귀국할 때는 인천공항의 면세점을 이용할 수 없습니다.

12. 귀국 준비!

❷ 한국 도착!

한국에 도착한 후 입국절차는 ⓐ 입국신고서(세관신고서) 작성, ⓑ 검역, ⓒ 입국심사, ⓓ 세관검사의 순으로 진행됩니다. 입국신고서는 미리 준비해 둡니다. (출국신고서 작성시에 준비했던 것) 입국절차는 출국절차의 역순, **Q - I - C** (**Quarantine, Immigration, Customs**)입니다.

ⓐ 검역 : 비행기에서 내리면 맨 먼저 검역 부스가 있는데 주로 전염병이 보고된 지역의 여행객이 받습니다.

ⓑ 입국심사 : 내국인이라고 표시된 곳으로 가서 줄을 섭니다. 여권과 입국신고서를 제출하면 계원이 입국 카드를 떼어내고 여권에 입국 스탬프를 찍어 주면 끝입니다.

ⓒ 세관 : 세관신고는 자진 신고제를 운영하고 있습니다. 세관 검사에 필요한 서류는 여권과 세관신고서입니다. 신고할 물품이 있으면 여기에 기재를 합니다만, 면세품의 경우는 구두로 신고해도 됩니다. 과세 대상품에 대해서는 세관원이 세액을 산출하여 지불용지를 작성해 줍니다. 지불할 돈이 모자라거나 없을 땐 일단 과세 대상품을 세관에 예치하고 나중에 찾아 가도록 합니다. 현재 술, 담배, 향수 이외의 물건은 해외 취득 가격 합계 400달러까지 면세됩니다. 특별히 신고할 물건이 없으면 녹색심사대를 통해 우선 통과가 가능하지만 만약 미기재된 물품이나 신고한 금액을 초과한 물품에 대해서는 별도의 관세가 부과되며, 반입금지 물품(마약류, 총기류 등)에 대해서는 형사처벌을 받게 됩니다. 그리고 남의 짐을 잠시 맡아 주는 등의 도움이 자칫 밀수, 불법반입으로 악용되는 경우가 있기 때문에 특히 주의가 필요합니다.

빠르게 찾고 쉽게 말하는 여행회화! 여러분의 여행을 보다 즐겁고 편안하게 만들어 드립니다!!

① 예약확인!

❶ 예약 재확인을 하고 싶은데요.

❷ 서울에서 예약했습니다.

❸ 6월 10일의 KAL30편입니다.

❹ 이름은 ~입니다.

❺ 예약을 변경하고 싶습니다.

❻ 다른 항공 회사편을 알아봐 주십시오.

❼ 이 예약을 취소해 주십시오.

12. 귀국 준비!

❶ Saya mau konfirmasi kembali karcis pesawat saya.
사야 마우 꼰피르마시 끔발리 까르찌스
뻬사왓 사야

❷ Saya telah memesannya di Seoul.
사야 뜰라 머머산냐 디 서울

❸ Pesawat KAL 30 untuk tanggal 10 Juni.
뻬사왓 칼 띠가 놀 운뚝 땅갈 스뿔루 주니

❹ Atas nama ~.
아따스 나마 ~

❺ Saya mau mengubah pesanan saya.
사야 마우 멍우바 뻬산안 사야

❻ Tolong dicarikan pesawat maskapai penerbangan yang lain.
똘롱 디짜리깐 뻬사왓 마스까빠이
뻬너르방안 양 라인

❼ Minta batalkan pesanan ini.
민따 바딸깐 뻬산안 이니

빠르고 찾고 쉽게 말하는 여행회화! 여러분의 여행을 보다 즐겁고 편안하게 만들어 드립니다!!

❷ 귀국시 공항에서!

❶ 가루다 항공 탑승수속대가 어디에 있습니까?

❷ 비행기표를 보여 주시겠습니까?

❸ 출국장 카운터가 어디에 있습니까?

❹ 몇 번 게이트입니까?

❺ 5번 게이트는 어디입니까?

❻ 통로측과 창측, 어느 쪽이 좋으십니까?

❼ 창가 좌석을 원합니다.

❽ 가루다 카운터로 짐을 운반해 주세요.

12. 귀국 준비!

❶ Di manakah loket penerbangan Garuda?
디 마나까 로껫 뻐너르방안 가루다

❷ Bolehkah saya melihat karcis pesawatnya?
볼레까 사야 멀리핫 까르찌스 뻐사왓냐

❸ Di manakah loket untuk check-in?
디 마나까 로껫 운뚝 쩨끄-인

❹ Manakah pintu masuk?
마나까 삔뚜 마숙

❺ Di mana pintu nomor lima?
디 마나 삔뚜 노모르 리마

❻ Manakah yang lebih bagus, tempat duduk di gang atau dekat jendela?
마나까 양 르비 바구스 뜸빳 두둑 디 강 아따우 드깟 즌델라

❼ Saya mau duduk dekat jendela.
사야 마우 두둑 드깟 즌델라

❽ Tolong pindahkan barang ini ke loket Garuda.
똘롱 삔다깐 바랑 이니 꺼 로껫 가루다

빠르게 찾고 쉽게 말하는 여행회화! 여러분의 여행을 보다 즐겁고 편안하게 만들어 드립니다!!

특별부록
비지니스 인도네시아어

해외 출장을 떠나시는 독자 여러분들을 위한 필수 비지니스 인도네시아어 회화를 특별 부록편으로 모아 정리했습니다. 간단한 인사말에서부터 상담, 계약, 주문에 이르기까지 꼭 필요한 필수 문장들을 중심으로 소개해 드립니다. 독자 여러분의 '성공 비지니스'를 기원합니다.

❶ 초면의 인사법!

비지니스에 있어서 첫 만남은 무엇보다도 중요합니다. 상대에게 좋은 인상을 줄 수 있도록 첫 인사말을 준비해 봅니다. 상대와의 첫 인사! 무엇보다도 여러분의 밝은 미소와 자신감을 함께 전하십시오.!

특별 부록 비지니스 회화!

인니인과의 비지니스!

'**Apa kabar?**' (아빠 까바르)와 '**Selamat berjumpa.**' (슬라맛 버르줌빠)는 처음 만났을 때 나눌 수 있는 인사로서 '안녕하세요.', '처음 뵙겠습니다.' 라는 뜻입니다. 상대방이 이렇게 말했을 때에는 '**Senang bertemu dengan Anda.**' (스낭 버르뜨무 등안 안다)라고 대답하면서 반가움을 표시하면 되겠습니다.

 ❷ 다양한 인사법!

서로 만나 인사라도 나눈 적이 있거나, 이미 아는 사이라면 인사법이 좀 더 편해집니다. 그래서 '**Apa kabar?**' (아빠 까바르)라고 인사하며, '**Kabar baik.**' (저도 잘 지내고 있어요. : 까바르 바익)이라고 대답합니다.

그외의 인사법으로 약속 시간에 늦었을 때에는 '**Maaf saya terlambat.**' (늦어서 죄송합니다. : 마아프 사야 떠를람밧), 헤어질 때는 '**Selamat tinggal.**' (슬라맛 띵갈), '**Sampai jumpa lagi.**' (삼빠이 줌빠 라기)라고 말하면 됩니다.

비지니스 회화!

기본 회화에서 계약 성공까지!

❶ 무슨 용건이세요?

❷ 대표이사님과 약속하고 왔습니까?

❸ 판매부 책임자를 만나고 싶습니다.

❹ 그는 오늘 쉬는 날입니다.

❺ 시간이 되시는 지 알아보겠습니다.

❻ 하디씨는 지금 회의 중입니다.

❼ 제가 오래 기다리게 했습니까?

❽ 오늘 오후에 사무실로 와주시겠습니까?

특별 부록 비지니스 회화!

❶ 방문객을 맞을 때!

❶ **Apa urusan Anda datang ke sini?**
아빠 우루산 안다 다땅 꺼 시니

❷ **Apakah Anda telah berjanji dengan direktur utama?**
아빠까 안다 뜰라 버르잔지 등안 디렉뚜르 우따마

❸ **Saya ingin bertemu dengan karyawan yang bertanggung jawab di bagian penjualan.**
사야 잉인 버르뜨무 등안 까르야완 양 버르땅궁 자왑 디 바기안 뻔주알란

❹ **Dia sedang berlibur hari ini.**
디아 스당 버를리부르 하리 이니

❺ **Saya coba cek apakah dia punya waktu untuk Anda.**
사야 쪼바 쩩 아빠까 디아 뿌냐 왁뚜 운뚝 안다

❻ **Pak Hadi sedang mengikuti rapat.**
빡 하디 스당 멍이꾸띠 라빳

❼ **Apakah anda sudah lama menunggu?**
아빠까 안다 수다 라마 머눙구

❽ **Mohon datang ke kantor pada sore hari ini.**
모혼 다땅 꺼 깐또르 빠다 소레 하리 이니

기본 회화에서 계약 성공까지!
비지니스 회화!

❶ 처음 뵙겠습니다.

❷ 이번 프로젝트의 책임자입니다.

❸ 어느 부서에서 근무하십니까?

❹ 수출과에서 근무하고 있습니다.

❺ 영업부의 朴이라고 합니다.

❻ (부디) 잘 부탁드립니다.

❼ 일은 어떠십니까?

❽ 덕분에 잘 돼 갑니다.

❾ 그 쪽은 어떠십니까?

특별 부록 비지니스 회화!

비지니스

❷ 인사할 때!

❶ Selamat berjumpa.
슬라맛 버르줌빠

❷ Saya penanggung jawab proyek kali ini.
사야 뻐낭궁 자왑 쁘로엑 깔리 이니

❸ Anda bekerja di bagian apa?
안다 버꺼르자 디 바기안 아빠

❹ Saya bekerja di bagian ekspor.
사야 버꺼르자 디 바기안 엑스뽀르

❺ Saya Park di bagian perdagangan.
사야 박 디 바기안 뻐르다강안

❻ Mohon dikerjakan dengan baik.
모혼 디꺼르자깐 등안 바익

❼ Bagaimana dengan bisnis Anda sekarang ini?
바게이마나 등안 비스니스 안다 스까랑 이니

❽ Baik-baik saja berkat bantuan Anda.
바익-바익 사자 버르깟 반뚜안 안다

❾ Bagaimana dengan bisnis Anda?
바게이마나 등안 비스니스 안다

빠르게 찾고 쉽게 말하는 여행회화! 여러분의 여행을 보다 즐겁고 편안하게 만들어 드립니다!!

기본 회화에서 계약 성공까지!
비지니스 회화!

❶ 저희 회사는 2000년에 창립했습니다.

❷ 저희 회사는 벤처기업입니다.

❸ 저희 회사는 유통업을 하고 있습니다.

❹ 세계 5개국과 거래를 하고 있습니다.

❺ 지점은 몇 개나 됩니까?

❻ 우리는 15개의 지사를 가지고 있습니다.

❼ 주요상품들은 무엇입니까?

❽ 컴퓨터 부품을 생산하고 있습니다.

❾ 국제인증을 가지고 있습니까?

특별 부록 비지니스 회화!

비지니스

❸ 회사를 소개할 때!

❶ Perusahaan kami didirikan tahun 2000 lalu.
뻐르우사하안 까미 디디리깐 따훈 두아 리부 랄루

❷ Perusahaan saya merupakan perusahaan ventura.
뻐르우사하안 사야 머루빠깐 뻐르우사하안 벤뚜라

❸ Perusahaan saya menangani urusan sirkulasi.
뻐르우사하안 사야 머낭아니 우루산 시르꿀라시

❹ Kami mengadakan bisnis dengan 5 negara.
까미 멍아다깐 비스니스 등안 리마 느가라

❺ Perusahaan Anda mempunyai berapa cabang?
뻐르우사하안 안다 멈뿌냐이 버라빠 짜방

❻ Kami mempunyai 15 kantor cabang.
까미 멈뿌냐이 리마 블라스 깐또르 짜방

❼ Apakah produk utamanya?
아빠까 쁘로둑 우따마냐

❽ Kami memproduksi suku cadang komputer.
까미 멈쁘로둑시 수꾸 짜당 꼼뿌떠르

❾ Perusahaan Anda telah memperoleh sertifikasi pengakuan internasional?
뻐르우사하안 안다 뜰라 멈뻐르올레
서르띠피까시 뼁아꾸안 인떠르나시오날

빠르게 찾고 쉽게 말하는 여행회화! 여러분의 여행을 보다 즐겁고 편안하게 만들어 드립니다!!

기본 회화에서 계약 성공까지!
비지니스 회화!

❶ 교환번호 305번 대주시겠어요?

❷ 마케팅부의 에디씨와 통화할 수 있을까요?

❸ 에디씨는 지금 통화중입니다.

❹ 에디씨는 지금 자리에 안 계신데요.

❺ 5분 후에 다시 전화해 주시겠어요?

❻ 다르모씨와 어떻게 연락할 수 있을까요?

❼ 123-4321로 연락 할 수 있습니다.

❽ 전화해 달라고 전해 주십시오.

특별 부록 비지니스 회화!

비지니스

❹ 전화 통화시에!

❶ Mohon disambungkan dengan nomor 305.
모혼 디삼붕깐 등안 노모르 띠가 놀 리마

❷ Bolehkah saya berbicara dengan Pak Edi di bagian strategi perdagangan?
볼레까 사야 버르비짜라 등안 빡 에디 디 바기안 스뜨라떼기 뻐르다강안

❸ Pak Edi sedang bertelepon.
빡 에디 스당 버르뗄레뽄

❹ Pak Edi sekarang tidak ada di tempat.
빡 에디 스까랑 띠닥 아다 디 뜸빳

❺ Minta telepon setelah 5 menit kemudian.
민따 뗄레뽄 스뜰라 리마 머닛 꺼무디안

❻ Bagaimana saya dapat menyambung dengan Pak Darmo?
바게이마나 사야 다빳 머냠붕 등안 빡 다르모

❼ Coba telepon nomor 123-4321.
쪼바 뗄레뽄 노모르 사뚜 두아 띠가 음빳 띠가 두아 사뚜

❽ Katakan pada dia untuk menelepon saya.
까따깐 빠다 디아 운뚝 머넬레뽄 사야

빠르게 찾고 쉽게 말하는 여행회화! 여러분의 여행을 보다 즐겁고 편안하게 만들어 드립니다!!

기본 회화에서 계약 성공까지!
비지니스 회화!

❶ 귀사의 신제품을 보여주실 수 있습니까?

❷ 시범설명을 해드릴께요.

❸ 얼마동안 품질 보증이 됩니까?

❹ 이 제품은 3년간 보증하겠습니다.

❺ 단위당 가격은 얼마입니까?

❻ 단위당 270달러입니다.

❼ 가격은 수량에 따라 달라집니다.

❽ 이것이 최저가격인가요?

❾ 지불조건에 대해 알고 싶습니다.

특별 부록 비지니스 회화!

비지니스

❺ 상담할 때!

❶ Minta memperlihatkan produk baru perusahaan Anda.
민따 멈뻐를리핫깐 쁘로둑 바루 뻐르우사하안 안다

❷ Saya akan menjelaskan produk ini dengan peragaan.
사야 아깐 먼즐라스깐 쁘로둑 이니 등안 뻐라가안

❸ Berapa lama jaminan kualitas produk ini?
버라빠 라마 자미난 꾸알리따스 쁘로둑 이니

❹ Kami menjamin kualitasnya selama 3 tahun.
까미 먼자민 꾸알리따스냐 슬라마 띠가 따훈

❺ Berapa harganya per unit?
버라빠 하르가냐 뻐르 우닛

❻ 270 dolar per unit.
두아 라뚜스 뚜주 뿔루 돌라르 뻐르 우닛

❼ Harga tergantung pada volume.
하르가 떠르간뚱 빠다 볼루머

❽ Apakah ini harga minimal?
아빠까 이니 하르가 미니말

❾ Saya ingin tahu tentang syarat pembayaran.
사야 잉인 따후 뜬땅 샤랏 쁨바야란

빠르게 찾고 쉽게 말하는 여행회화! 여러분의 여행을 보다 즐겁고 편안하게 만들어 드립니다!!

기본 회화에서 계약 성공까지!
비지니스 회화!

❶ 샘플을 보여 드리겠습니다.

❷ 그 제품의 재고가 있습니까?

❸ 귀사의 제품을 주문하고 싶습니다.

❹ 얼마나 주문하실 겁니까?

❺ 귀사의 제품 30,000개를 주문하고 싶습니다.

❻ 주문을 변경하고 싶습니다.

❼ 계약서를 작성합시다.

❽ 계약서를 받으셨나요?

특별 부록 비지니스 회화!

비지니스

❻ 계약, 주문할 때!

❶ Saya akan memperlihatkan sampel.
사야 아깐 멈뻐를리핫깐 삼쁠

❷ Adakah stok produk itu?
아다까 스똑 쁘로둑 이뚜

❸ Saya ingin memesan produk perusahaan Anda.
사야 잉인 머머산 쁘로둑 뻐르우사하안 안다

❹ Anda ingin memesan berapa banyak?
안다 잉인 머머산 버라빠 바냑

❺ Saya ingin memesan 30.000 unit produk perusahaan Anda.
사야 잉인 머머산 띠가 뿔루 리부 우닛 쁘로둑 뻐르우사하안 안다

❻ Saya ingin mengubah pesanan.
사야 잉인 멍우바 뻐산안

❼ Mari kita membuat surat kontrak.
마리 끼따 멈부앗 수랏 꼰뜨락

❽ Apakah Anda telah menerima surat kontrak?
아빠까 안다 뜰라 머너리마 수랏 꼰뜨락

빠르게 찾고 쉽게 말하는 여행회화! 여러분의 여행을 보다 즐겁고 편안하게 만들어 드립니다!!

부록 : 필수 단어사전!

꼭! 꼭! 꼭! 필요한 단어들을 내용별로 정리한 사전입니다!

❍ 숫자세기

1	satu	사뚜
2	dua	두아
3	tiga	띠가
4	empat	음빳
5	lima	리마
6	enam	으남
7	tujuh	뚜주
8	delapan	들라빤
9	sembilan	슴빌란
10	sepuluh	스뿔루
11	sebelas	스블라스
12	dua belas	두아 블라스
13	tiga belas	띠가 블라스

부록 필수 단어 사전!

14	empat belas	음빳 블라스
15	lima belas	리마 블라스
16	enam belas	으남 블라스
17	tujuh belas	뚜주 블라스
18	delapan belas	들라빤 블라스
19	sembilan belas	슴빌란 블라스
20	dua puluh	두아 뿔루
21	dua puluh satu	두아 뿔루 사뚜
30	tiga puluh	띠가 뿔루
40	empat puluh	음빳 뿔루
50	lima puluh	리마 뿔루
60	enam puluh	으남 뿔루
70	tujuh puluh	뚜주 뿔루
80	delapan puluh	들라빤 뿔루
90	sembilan puluh	슴빌란 뿔루
100	seratus	스라뚜스
1000	seribu	스리부
첫째	pertama	뻐르따마
둘째	kedua	끄두아
셋째	ketiga	끄띠가
넷째	keempat	끄음빳
다섯째	kelima	끌리마
여섯째	keenam	끄으남
일곱째	ketujuh	끄뚜주
여덟째	kedelapan	끄들라빤
아홉째	kesembilan	끄슴빌란
열째	kesepuluh	끄스뿔루

빠르게 찾고 쉽게 말하는 여행회화! 여러분의 여행을 보다 즐겁고 편안하게 만들어 드립니다!!

Basic Indonesian Dictionary

❯ 시간

1시 / 1시간	**pukul satu / satu jam**	
	뿌꿀 사뚜 / 사뚜 잠	
2시 / 2시간	**pukul dua / dua jam**	
	뿌꿀 두아 / 두아 잠	
3시 / 3시간	**pukul tiga / tiga jam**	
	뿌꿀 띠가 / 띠가 잠	
4시 / 4시간	**pukul empat / empat jam**	
	뿌꿀 음빳 / 음빳 잠	
5시 / 5시간	**pukul lima / lima jam**	
	뿌꿀 리마 / 리마 잠	
6시 / 6시간	**pukul enam / enam jam**	
	뿌꿀 으남 / 으남 잠	
7시 / 7시간	**pukul tujuh / tujuh jam**	
	뿌꿀 뚜주 / 뚜주 잠	
10시 / 10시간	**pukul sepuluh / sepuluh jam**	
	뿌꿀 스뿔루 / 스뿔루 잠	
10분	**10 menit**	스뿔루 머닛
15분	**lima belas menit**	리마 블라스 머닛
20분	**dua puluh menit**	두아 뿔루 머닛
30분	**tiga puluh menit**	띠가 뿔루 머닛
45분	**empat puluh lima menit**	
	음빳 뿔루 리마 머닛	

아침	**pagi**	빠기
낮	**siang**	시앙
밤	**malam**	말람
오전	**siang**	시앙
오후	**sore**	소레

부록 필수 단어 사전!

❍ 날짜와 요일

오늘	**hari ini**	하리 이니
내일	**besok**	베속
모레	**lusa**	루사
어제	**kemarin**	끄마린
매일	**setiap hari**	스띠압 하리
그저께	**kemarin dulu**	끄마린 둘루

일요일	**hari Minggu**	하리 밍구
월요일	**hari Senin**	하리 스닌
화요일	**hari Selasa**	하리 슬라사
수요일	**hari Rabu**	하리 라부
목요일	**hari Kamis**	하리 까미스
금요일	**hari Jumat**	하리 주맛
토요일	**hari Sabtu**	하리 삽뚜

이번주	**minggu ini**	밍구 이니
다음주	**minggu depan**	밍구 드빤
지난주	**minggu lalu**	밍구 랄루
매주	**setiap minggu**	스띠압 밍구

| 주일 | **akhir minggu** | 악히르 밍구 |
| 주말 | **akhir pekan** | 악히르 쁘깐 |

빠르게 찾고 쉽게 말하는 여행회화! 여러분의 여행을 보다 즐겁고 편안하게 만들어 드립니다!!

Basic Indonesian Dictionary

◐ 월(月), 계절

1월	bulan Januari	불란 자누아리
2월	bulan Februari	불란 페브루아리
3월	bulan Maret	불란 마릇
4월	bulan April	불란 아쁘릴
5월	bulan Mei	불란 메이
6월	bulan Juni	불란 주니
7월	bulan Juli	불란 줄리
8월	bulan Agustus	불란 아구스뚜스
9월	bulan September	불란 셉땜버르
10월	bulan Oktober	불란 옥또버르
11월	bulan November	불란 노벰버르
12월	bulan Desember	불란 데셈버르
이번달	bulan ini	불란 이니
지난달	bulan lalu	불란 랄루
다음달	bulan yang akan datang	불란 양 아깐 다땅
매월	setiap bulan	스띠압 불란
월말	akhir bulan	악히르 불란
봄	musim semi	무심 스미
여름	musim panas	무심 빠나스
가을	musim gugur	무심 구구르
겨울	musim dingin	무심 딩인

부록 필수 단어 사전!

◐ 사람 · 가족

소년 / 소녀	**pemuda / pemudi**	뻐무다 / 뻐무디
남자 / 여자	**pria / perempuan**	쁘리아 / 뻐름뿌안
아기	**bayi**	바이
어린이	**anak-anak**	아낙-아낙

아버지 / 어머니	**bapak / ibu**	바빡 / 이부
부모	**orang tua**	오랑 뚜아
아들 / 딸	**anak laki-laki / anak perempuan**
	아낙 라끼-라끼 / 아낙 뻐름뿌안

남편	**suami**	수아미
아내	**isteri**	이스뜨리
형제	**saudara**	소다라
자매	**saudara perempuan**	소다라 뻐름뿌안

| 조카 | **keponakan** | 끄뽀나깐 |
| 삼촌 / 숙모 | **paman / bibi** | 빠만 / 비비 |

할아버지 / 할머니	**kakek / nenek**	까껙 / 네넥
형 / 누나	**kakak laki-laki / kakak perempuan**
	까깍 라끼-라끼 / 까깍 뻐름뿌안
남동생	**adik laki-laki**	아딕 라끼-라끼
여동생	**adik perempuan**	아딕 뻐름뿌안

빠르게 찾고 쉽게 말하는 여행회화! 여러분의 여행을 보다 즐겁고 편안하게 만들어 드립니다!!

Basic Indonesian Dictionary

➲ 나라/국민/언어

한국	**Korea**	꼬레아
한국인	**orang Korea**	오랑 꼬레아
한국어	**bahasa Korea**	바하사 꼬레아

인도네시아	**Indonesia**	인도네시아
인도네시아인	**orang Indonesia**	오랑 인도네시아
인도네시아어	**bahasa Indonesia**	바하사 인도네시아

중국	**Cina**	찌나
중국인	**orang Cina**	오랑 찌나
중국어	**bahasa Cina**	바하사 찌나

미국 **Amerika Serikat / AS**
아메리까 스리깟 / 아에스
미국인 **orang AS**   오랑 아메리까 스리깟

영국	**Inggris**	잉그리스
영국인	**orang Inggris**	오랑 잉그리스
영어	**bahasa Inggris**	바하사 잉그리스

독일	**Jerman**	저르만
독일인	**orang Jerman**	오랑 저르만
독일어	**bahasa Jerman**	바하사 저르만

프랑스	**Perancis**	쁘란찌스
프랑스인	**orang Perancis**	오랑 쁘란찌스
프랑스어	**bahasa Perancis**	바하사 쁘란찌스

부록 필수 단어 사전!

➲ 색깔

한국어	Indonesia	발음
빨간색	warna merah	와르나 메라
흰색	warna putih	와르나 뿌띠
노란색	warna kuning	와르나 꾸닝
파란색	warna biru	와르나 비루
검은색	warna hitam	와르나 히땀
초록색	warna hijau	와르나 히자우
분홍색	warna merah muda	와르나 메라 무다
자주색	warna ungu	와르나 웅우
갈색	warna coklat	와르나 쪼끌랏
회색	warna abu-abu	와르나 아부-아부

빠르게 찾고 쉽게 말하는 여행회화! 여러분의 여행을 보다 즐겁고 편안하게 만들어 드립니다!!

Step by step!

1. 목적지 공항도착!
목적지 공항에 도착하면 짐을 잘 챙겨서 내립니다. 입국심사서는 미리 준비하세요!

2. 도착 출구통과!
'Arrival'이라고 써있는 출구를 찾아 통과합니다.

✚ 잠깐만요!
여권! 입국심사서! 항공권! 수하물표!를 잘 챙겨서 나가십시오!